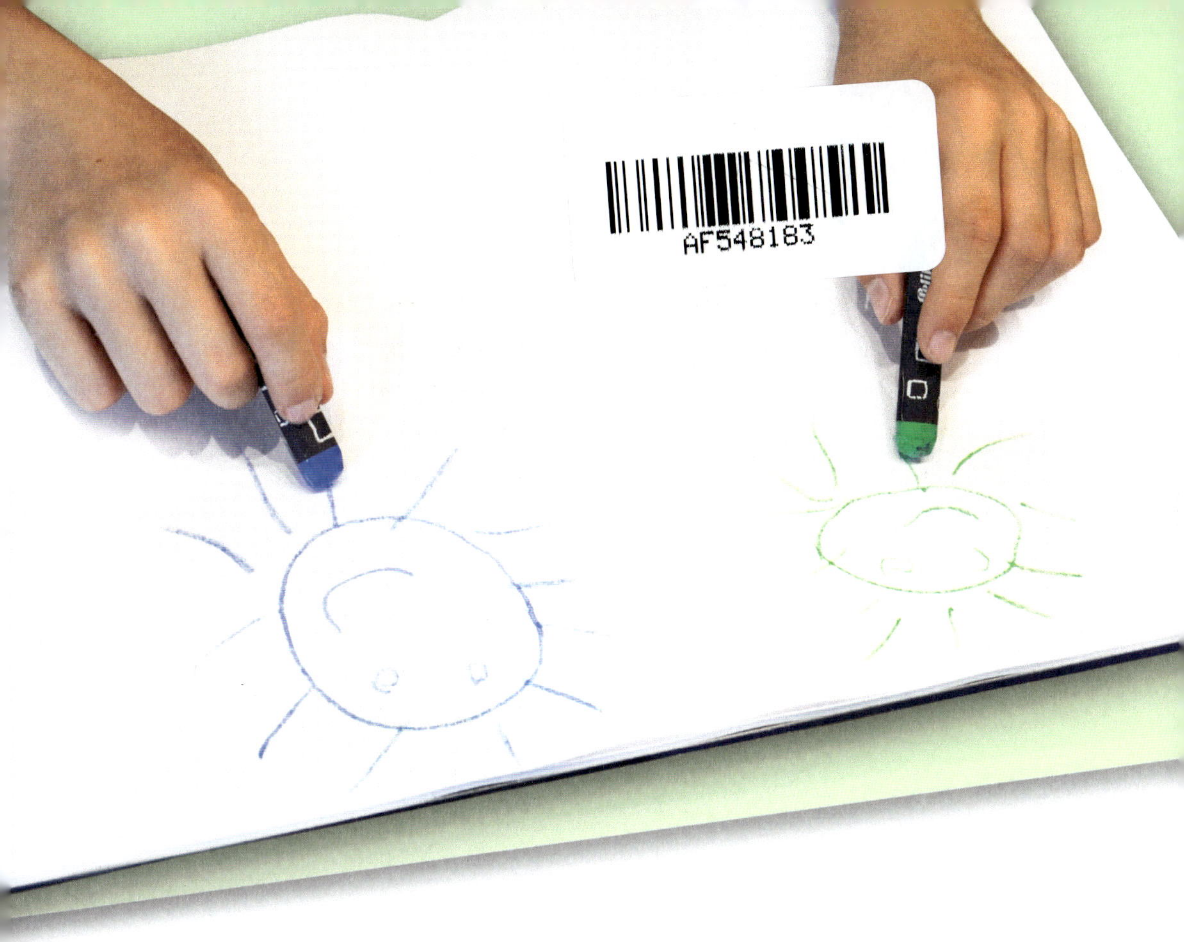

Praxisbuch Kopfgymnastik für Kinder

Mit kleinen **Übungen** aus der **Kinesiologie**

 das Gehirn aktivieren

 Konzentration fördern

Denkblockaden lösen

Ines Schubert

Impressum

Titel
Praxisbuch Kopfgymnastik für Kinder
Mit kleinen Übungen aus der Kinesiologie das Gehirn aktivieren, Konzentration fördern, Denkblockaden lösen

Autorin
Ines Schubert

Umschlagmotive
Fotos: Ines Schubert, Smileys: © redcollegiya – stock.adobe.com;
Gestaltung: Verlag an der Ruhr

Illustrationen
Fotos siehe Bildnachweis, ansonsten: Ines Schubert;
Smileys: © redcollegiya – stock.adobe.com

Druck
Athesia Druck GmbH, Bozen, IT

Verlag an der Ruhr
www.verlagruhr.de
info@verlagruhr.de

PEFC-zertifiziert
Dieses Produkt stammt aus nachhaltig bewirtschafteten Wäldern und kontrollierten Quellen
www.pefc.de

Geeignet für die Klassen 1–4

Der Verlag an der Ruhr legt großen Wert auf eine geschlechtergerechte und inklusive Sprache. Seit 2019 nutzen wir daher das Gendersternchen oder neutrale Formulierungen, um alle Menschen unabhängig von Geschlecht oder Geschlechtsidentität einzuschließen. In Texten für Schüler*innen finden sich aus didaktischen Gründen neutrale Begriffe bzw. Doppelformen. Titel, wie dieser, die erstmalig vor 2019 erschienen sind, enthalten noch das generische Maskulinum.

1. Auflage, 6. Druck 2026
ISBN 978-3-8346-2613-4

Inhaltsverzeichnis

Kapitel 3 | Anleitung zum Erstellen eines Übungsprogramms

Kapitel 4 | Zusätzliche kopfgymnastische Angebote

Vorwort

Warum weisen bereits Kinder im Grundschulalter motorische Defizite auf und wie kann man diesen Schwächen entgegenwirken?

Diese Frage beschäftigt mich seit geraumer Zeit. Im Rahmen meiner Übungsleitertätigkeit im Bereich Kinderturnen habe ich bereits viele Kinder erlebt, die motorische Schwächen zeigen. Daher habe ich mich schon seit Längerem mit dem Problem von Bewegungsschwächen bei Kindern auseinandergesetzt. In der Schule deckten sich die Beobachtungen mit den Erfahrungen im Turnverein. Auf diese Weise habe ich viele Erkenntnisse und Eindrücke gesammelt, die mitunter ausschlaggebend für die Auswahl der Thematik dieses Buches sind. Die Beweglichkeit beeinflusst nicht nur die emotionale und geistige Befindlichkeit von Kindern, sondern hat auch Auswirkungen auf ihre soziale Entwicklung. Die Übungen der Kopfgymnastik stammen aus der sogenannten „Kinesiologie". Dieser Begriff bezeichnet die Bewegungslehre der Muskeln, er beinhaltet aber auch die Testung von Blockaden per „Muskeltest". Ich stehe der Kinesiologie realistisch gegenüber und sehe die Ergebnisse solcher Muskeltestungen als nicht belegbar an. Da die Übungen dieses Buches außerdem nur einen kleinen Teil der Kinesiologie abbilden, spreche ich im Folgenden von „Kopfgymnastik" als Oberbegriff für alle dargestellten Methoden. Die Übungen der Kopfgymnastik sind eine sehr effektive Methode, mit der Lern-, Konzentrations- und Gehirnleistungen aktiviert und verbessert werden können. Meine Darstellungen und Erklärungen im Buch habe ich so einfach wie möglich formuliert. Auch bei den Übungen habe ich bewusst auf esoterisch und spirituell wirkende Begriffe und Fremdwörter verzichtet. Das vorliegende Praxisbuch bietet Eltern, Erziehern und Lehrkräften eine wirklichkeitsnahe Trainingsform, die sie sofort verstehen und einsetzten können. Ziel ist es, Kinder spielerisch zu fördern, damit sie die Voraussetzungen für ein erfolgreiches Lernen mitbringen.

> Sag es mir und ich werde es vergessen.
> Zeige es mir und ich werde mich daran erinnern.
> Beteilige mich und ich werde es verstehen.
> (von Lao Tse)

Übernehmen wir als Eltern, Erzieher und Lehrer diese Übungen in unseren Alltag! Denn dann werden es unsere Kinder uns gleichtun und die Übungen als willkommene Hilfe annehmen.

Autorenporträt

Ines Schubert
geb. 1967

- Übungsleiterin-C „Kinder und Jugendliche"
- Übungsleiterin-B „Prävention Gesundheitstraining für Kinder"
- Trainerin Marburger Konzentrationstraining für Vorschulkinder, Grundschulkinder und Jugendliche

Mit meinem Sohn habe ich im Jahr 2007 eine Schulung der Kopfgymnastik erlebt. Ich bin von dem positiven Ergebnis und der Möglichkeit, Kindern bei Schulproblemen selbstständig aktiv helfen zu können, so überzeugt, dass ich mich entschlossen habe, diese erfolgreichen Erfahrungen auch an andere Kinder und Eltern weiterzugeben.

Was liegt da näher, als mit Grundschulen und auch Kindergärten in Kontakt zu treten?

2009 habe ich mit einer Bochumer Grundschule ein gezieltes Programm zur Konzentrationssteigerung entwickelt, welches sich wirksam in den Schulalltag integriert. Bereits weitere Bochumer Grundschulen wenden das Übungskonzept zur Unterstützung im Unterricht an. Bei der intensiven Arbeit mit Grundschulkindern und Grundschullehrern entstand die Überlegung, bereits Vorschulkinder von den Übungen der Kopfgymnastik profitieren zu lassen. Seit 2010 fördere ich nun auch Kinder in Kindergärten im Alter von fünf bis sieben Jahren mit den Übungen der Kopfgymnastik, favorisiert in der Rechts-Links Koordination, Bewegungs- und Richtungsmotorik, Gleichgewichtsschulung und Entspannungsfähigkeit.

Seit Februar 2012 biete ich neben der Kopfgymnastik auch das Marburger Konzentrationstraining an – eine Form der verbalen Selbstinstruktion für Vor- und Grundschulkinder.

Kapitel 1

Kopfgymnastik – Die Hintergründe

Bewegungsmangel im Alltag und seine Folgen

Die motorischen Fähigkeiten von Kindern und Jugendlichen in Deutschland nehmen seit Jahren kontinuierlich ab. Zu diesem alarmierenden Ergebnis kommen nicht nur zahlreiche wissenschaftliche Studien, z. B. das Projekt PAKT[1] und die MOMO-Studie des Robert Koch Instituts[2]. Auch Beobachtungen im Schulsport und Vereinssport zeigen eine verstärkte Abnahme der motorischen Fähigkeiten bei Kindern. Das bedeutet konkret: einen Ball auffangen, eine Treppe schnell hinaufsteigen oder hinunterspringen, auf einer schmalen Mauer balancieren, rückwärtslaufen, auf einen Baum klettern, auf unebenem Untergrund das Gleichgewicht halten, die Orientierung behalten, wenn viele Kinder im Raum durcheinanderlaufen – all diese Kompetenzen, die man als grundlegend voraussetzen sollte, sind für die Kinder heute keine Selbstverständlichkeit mehr. Gleichzeitig nehmen Adipositas bzw. Übergewicht, Haltungsschäden und andere gesundheitliche Probleme bei Kindern und Jugendlichen zu. Es herrscht akuter Bewegungsmangel!

Es ist keine Seltenheit, dass Kinder unter Haltungsschwächen, motorischen Auffälligkeiten, Übergewicht und/oder einem schwachen Herz-Kreislauf-System leiden. Bewegung, Spiel und Sport sind für die Gesundheit des Menschen wertvoll, wenn nicht unverzichtbar. Wer an Kinder denkt, der stellt sich Wesen vor, die in permanenter Bewegung sind, die laufen, spielen, klettern, springen oder balancieren. Allerdings stellt sich die Frage, weswegen Kinder bereits im Grundschulalter motorische Defizite aufweisen und wie man diesen Defiziten entgegenwirken kann.

Vergleicht man die Freizeitgestaltung der Kinder früher und heute, sind die Unterschiede augenscheinlich. Die Spielleidenschaft konzentriert sich sehr stark auf Computerspiele. Unter diesen Bedingungen können sich die fürs Lernen erforderlichen Voraussetzungen, nicht entwickeln. Damit fehlen heute vielen Kindern die Basisvoraussetzungen für die Durchführung von Lernprozessen. Viel zu hoch – meist gleich an den Lernschwierigkeiten selbst – setzt die herkömmliche Lernförderung an, ohne zuerst zu überprüfen, ob dem Schüler überhaupt die Basis fürs Lernen zur Verfügung steht. Eine solche Lernförderung kann nur bedingt Erfolg bringen.

---

[1] „Prevention through Activity in Kindergarten Trial" der Universitäts-Kinderklinik Würzburg 2007/2008

[2] „Studie zur Gesundheit von Kindern und Jugendlichen in Deutschland" 2003–2006

Auf der einen Seite ist jedes zweite Kind im Alter zwischen sechs und 15 Jahren Mitglied in einem Verein. Auf der anderen Seite schwindet kontinuierlich die motorische Leistungsfähigkeit der Kinder und Jugendlichen. Wie ist das zu erklären? Schul- und Vereinssport reichen nicht aus, um einen entscheidenden Faktor auszugleichen: die ständig **abnehmende Alltagsbewegung** der Kinder.

TV, Computer & Co.

Noch vor 30 Jahren war es für Kinder selbstverständlich, dass sie sich viel bewegen, draußen herumtoben und die eigenen körperlichen Fähigkeiten erproben. Zwar mussten Schulkinder auch früher in der Schule stillsitzen, verbrachten aber den Nachmittag draußen mit bewegungsreichen Spielen. Heute schalten viele Kinder nach der Schule Fernseher und Computer an. Schließlich müssen auch noch Hausaufgaben erledigt werden. Eine Sitztätigkeit wechselt die nächste ab.

Kaum freie Spielflächen

Der Straßenverkehr hat in den letzten Jahrzehnten immer mehr zugenommen. Für Kinder gibt es immer weniger Spiel- und Bewegungsräume, in denen sie ihre Bewegungsbedürfnisse spontan und gefahrlos ausleben können.

Zur Schule mit dem Chauffeur

Kinder gehen immer seltener ihren Schulweg zu Fuß. Viele Eltern befürchten, dass ihnen dabei etwas zustoßen könnte, und bringen daher ihre Kinder auf dem Weg zur Arbeit in die Schule. Schnell muss es dabei immer gehen – dabei ist ein selbst bewältigter Schulweg für Schulkinder der erste Weg in die Selbstständigkeit. Wie sollen denn Kinder im Straßenverkehr sonst sicher werden?

Kinder als Störfaktor

Sowohl in der Nähe von Spielplätzen als auch in Mietshäusern werden Kindergeschrei, lautes Toben und Lachen häufig als Störung gesehen. Viele Eltern versuchen daher, ihre Kinder zu ruhigen Beschäftigungen zu erziehen. Andere stellen die Kinder vor dem Fernseher ab, um sie still zu halten.

Überängstlicher Erziehungsstil

Überängstliche Eltern sorgen dafür, dass ihren Kindern jedes Hindernis aus dem Weg geräumt wird. Sie befürchten bei jedem Klettern oder Balancieren eine Gefahr und stoppen oft den Bewegungsdrang ihres Kindes. Die Folge: Der Nachwuchs wird langfristig entmutigt, die eigenen körperlichen Grenzen auszutesten.

▶ **Große Bewegungsmuffel erziehen kleine Bewegungsmuffel**
Kinder übernehmen die Einstellungen und Verhaltensweisen ihrer Eltern. Nehmen Erwachsene immer die Rolltreppe oder den Lift und legen auch kurze Strecken mit dem Auto zurück, dann wirkt sich das auch auf das Verhalten der Kinder aus.

Stehen dem Schüler schon die Basisvoraussetzungen und Basiskompetenzen für das Lernen nicht zur Verfügung, können sich darauf aufbauende Teilleistungen nicht bzw. nicht vollständig entfalten. Doch diese sind die Grundlage für das Lernen, die wir uns im folgenden Kapitel genauer ansehen wollen.

Basisvoraussetzungen fürs Lernen

Bis zum Vorschulalter zeichnen Kinder aus dem Oberarm unter Beteiligung des Schultergelenkes. Im Vorschulalter verlagert sich die Bewegungsführung in das Ellbogengelenk und den Unterarm. In diesem Entwicklungsstadium können Kinder gut Striche in waagrechter und senkrechter Richtung ziehen, haben aber Schwierigkeiten mit einer diagonalen Strichführung und mit dem Zeichnen von Kreisen. Eine uneingeschränkte Strichführung ist erst möglich, wenn die Schreibbewegung mit dem Handgelenk und mit den Fingern ausgeführt wird. Für die Entwicklung der Schreibfertigkeit sind folgende Basisvoraussetzungen von Bedeutung:

▶ **Tonus-Regulation**
Tonus ist der Spannungszustand unserer Muskulatur. Nur mit einem regulierbaren Krafteinsatz können die Kinder den Stift festhalten, aber dabei nicht verkrampfen.

▶ **Feinmotorik**
Die Feinmotorik entwickelt sich über die Grobmotorik aus der Reflexmotorik. Erst wenn Reflexe integriert sind, ist diese Entwicklung gut möglich. Der Begriff Feinmotorik umfasst die Geschicklichkeit der Finger, die Mimik sowie die Mundmotorik eines Menschen. Sehr interessant ist, dass die Handmotorik und die Mundmotorik von sehr dicht beieinanderliegenden Hirnarealen gesteuert werden. So ist die Grafomotorik meist auch eingeschränkt, wenn ein Problem der Mundmotorik und dadurch der Sprache vorliegt. Deshalb macht es z. B. Sinn, in der

Logopädie auch die Hände anzusehen. Im Gegensatz zur Feinmotorik bezeichnet Grobmotorik allgemein die Fähigkeit der Bewegungskoordination sowie des Reaktionsvermögens.

Zur Grobmotorik zählen große bzw. grobe Bewegungsabläufe, wie Laufen, Gehen, Sitzen oder Klettern. Im Gegensatz zur Feinmotorik kommen damit bei der Grobmotorik die großen Muskelgruppen zum Einsatz. Obwohl die Ausbildung dieser grundmotorischen Fähigkeiten immer gleich verläuft (von oben nach unten, also vom Kopf bis zu den Beinen), braucht jedes Kind unterschiedlich lang für die jeweiligen Entwicklungsphasen. Grobmotorik sind die noch unfertigen Bewegungsabläufe in einer ersten Aneignungsphase. Feinmotorik kennzeichnet Bewegungsabläufe in fortgeschrittenen oder ausgereiften Lernstadien.

Verfügbarkeit der Bewegungsrichtungen

Für die Entwicklung der Schreibfertigkeit ist die Verfügbarkeit der Bewegungsrichtungen im und gegen den Uhrzeigersinn Voraussetzung. Was bedeutet das genau?
Zum Schreiben müssen beide Bewegungsrichtungen, sowohl die im Uhrzeigersinn als auch die gegen den Uhrzeigersinn, frei verfügbar sein. Ist eine Bewegungsrichtung blockiert, so zeigt sich das nicht nur in einer schlechten Schrift, sondern hat auch noch weitere Lernschwierigkeiten zur Folge. Z. B. das Verwechseln von b und d kann damit zusammenhängen. Zu dieser Verwechslung kann es sehr leicht kommen, wenn die Buchstabenbäuche, wie es bei blockierten Bewegungsrichtungen beobachtet wird, immer nur in eine Richtung gezeichnet werden.

Die Entwicklung der Bewegung erfolgt in den Bewegungsrichtungen unten – oben, vorn – hinten, links – rechts. In dieser Reihenfolge entwickelt das Kind seine Raumwahrnehmung. Neben dem Aufrichten auf zwei Beine, suchen (und finden) bereits Krabbelkinder unzählige Möglichkeiten, „nach oben“ zu kommen. Sie setzen sich so mit der Schwerkraft auseinander und stabilisieren ihr Gleichgewicht. Je nach Alter und Entwicklungsstand brauchen die Kinder Bodenunebenheiten und Hindernisse, welche sie überwinden müssen. Eine zweite Ebene im Raum dient nicht in erster Linie der Erhöhung der Quadratmeterzahl und der Raumgewinnung, sondern auch der Entwicklungsförderung.

Hand-Augen-Koordination

Diese Teilleistung ist dafür verantwortlich, dass die Hand auch genau das tut, was der Kopf vorgibt. Sie stellt einen ganz wesentlichen Baustein für viele Lernprozesse dar. Fürs Schreiben ist die Bedeutung der Hand-Augen-Koordination leicht nachvollziehbar, sie hat aber auch fürs Rechnen eine wichtige Funktion. Die Entwicklung des mathematischen Denkens erfolgt in vier Stufen. Die erste Stufe, wie mathematische Aufgaben aufgenommen und gelöst werden, ist die Stufe des konkreten Handelns.

Zum Beispiel: Plättchen werden zusammengelegt (Addition) oder entfernt (Subtraktion), Handlungen werden mehrmals durchgeführt (Multiplikation), es wird auf- oder verteilt (Division). Ist die Hand-Augen-Koordination nicht gut ausgebildet, erhält das Kind in dieser Grundstufe des mathematischen Denkens ungenaue Informationen, die das weitere mathematische Denken negativ beeinflussen. Neben dem handelnden Umgang mit Materialien – dieser wird allmählich verdrängt – kommt nun die zweite Stufe, die bildhafte Darstellung, hinzu. Hier gewinnt vor allem das Schulbuch als didaktisches Mittel zusehends an Bedeutung. Die Operationen werden nicht mehr selbsttätig ausgeführt, sondern an deren Stelle tritt eine zeichnerische, zweidimensionale Abbildung der Mengen mit der dazugehörigen Andeutung der jeweils verlangten Operation durch grafische Zeichen. Wurde zuvor den Mengenbildern die Zahleigenschaft in Form von Ziffern zugeordnet und die konkrete Handlung durch ein Symbol (+ ; –) angedeutet, so wird in der dritten Stufe das Konkrete nun gänzlich abgestreift und es wird nur noch die mathematische Struktur einer Handlung beachtet. Die Ziffern und ihre Verbindung in Gleichungen werden zu strukturellen, logischen Bedeutungsträgern. Als letzte und vierte Stufe wird die Automatisierung im Zeichenbereich angestrebt, die allgemein durch die Unterrichtsphase der Übung realisiert wird. Dies scheint notwendig, um eine Entlastung des kindlichen Kurzzeit-Gedächtnisses zu erreichen. Die späteren, komplexen Aufgaben verlangen eine solche Automatisierung der einzelnen Teilschritte, aus denen sie aufgebaut sind. Es werden beispielsweise der Zahlenraum bis 20 für die Addition und Subtraktion automatisiert, genauso wie das kleine Einmaleins. Es handelt sich hierbei um festverankertes Wissen, das schnell und fehlerfrei abgerufen werden soll. Denn bei Aufgaben in einem größeren Zahlenraum (bis 1 000) können die Rechnungen nicht mehr auf anschauliche Repräsentanten, wie Teilschritte oder

Zahlenzerlegungen, zurückgeführt werden, weil der Schüler sonst bei der Gesamtberechnung überlastet ist. Schüler mit Defiziten der Hand-Augen-Koordination scheitern sehr oft bei Aufgaben an der zur Verfügung stehenden Zeit und begehen mehr Fehler. Die Lösung der Aufgabe 8 + 7 oder 6 x 4 sollte „gespeichert" sein und nicht erst berechnet werden müssen.

Neben diesen exemplarisch herausgegriffenen Teilleistungen gibt es noch eine ganze Reihe weiterer Voraussetzungen, die den Kindern zur Verfügung stehen müssen, damit sie Lernprozesse überhaupt durchführen können. In ihrer Gesamtheit bilden alle Teilleistungen die Basis, auf der Lernen überhaupt möglich ist. All diese Voraussetzungen werden im Laufe der kindlichen Entwicklung ausgebildet, wenn die Kinder mit den dafür erforderlichen Auslösern konfrontiert werden. Das hat sich früher auf ganz natürliche Art und Weise, meist in spielerischer Form ergeben. Die Kinder haben paarweise, in Gruppen oder auch allein, viel gespielt und sich sehr viel bewegt. Auf diese Weise wurden viele der oben angeführten Teilleistungen ausgebildet. So stellt z. B. ein einfaches Ballspiel ein ganzheitliches Training dar: Das Fangen des Balles trainiert die Hand-Augen-Koordination, das Beobachten des Ballfluges das Fixieren und die Augenfolgebewegung und beim Abschätzen der Flugbahn wird ganz nebenbei das Raumbewusstsein geschult.

Basiskompetenzen fürs Lernen

In Bewegungsspielen sammeln Kinder also **vielseitige Bewegungserfahrungen,** die die Bildung der **Basiskompetenzen** hilfreich unterstützen können. Die folgenden Basiskompetenzen entscheiden über die weitere körperliche, emotionale und geistige Entwicklung eines Kindes. Sie entscheiden mit über die Bildungsmöglichkeiten und das soziale Leben eines Menschen.

Diese Basiskompetenzen sind:

- Neugier und Entdeckungslust
- Kreativität
- Grobmotorik
- Feinmotorik
- Eigeninitiative und Eigenständigkeit
- Motivationsfähigkeit
- Sprachkompetenz bzw. Kommunikationsfertigkeiten
- Selbstwertgefühl und Konfliktmanagement
- Denkfähigkeit und Problemlösefähigkeit
- Empathie (Fähigkeit, Gedanken, Emotionen, Absichten und Persönlichkeitsmerkmale eines anderen Menschen zu erkennen und zu verstehen)
- Toleranz und Verantwortungsbereitschaft.

Besonders wichtig für Vorschulkinder sind die **Lernbereitschaft und die lernmethodische Kompetenz**, mit der Kinder erfahren, wie man handelnd lernt, Probleme löst und Wissen erwirbt. Wer über eine gute Wahrnehmung, Koordination und Sprache verfügt, hat es beim Lernen und in sozialen Beziehungen leichter.

Kinder verstehen Zusammenhänge in ihrer Lebenswelt am besten, wenn sie die **Sachinformationen** nicht über Erzählungen oder bewegte Bilder erhalten, sondern über **Körperbewegungen** und über **sinnliches Beobachten**. Sie entwickeln auf diese Weise eine sinnvolle Strategie, um Probleme zu lösen. Stehen sie vor einer neuen Aufgabe oder vor einem Problem, so werden sie aktiv, probieren aus und sammeln handelnd neue Erfahrungen. **Vielseitige Bewegungs- und Wahrnehmungserfahrungen** sind daher nicht nur für ihre gesunde körperliche Entwicklung unerlässlich. Sie benötigen sie auch für die geistigen Bildungsprozesse.

Wer mehr erlebt, kann daraus mehr Schlüsse ziehen! Eine breit gestreute Basis an **motorischen, kognitiven und sozialen Fähigkeiten** erweitert die Möglichkeiten eines Vorschülers, zu agieren und zu reagieren. Sie steigert sein **Lernvermögen** und erhöht seine **Bildungschancen**. Bewusste Bewegungen, in denen Kinder mit hellwachen Sinnen spüren und beobachten, fördern die Lernfähigkeit. Eltern und Erzieher können eine solche Aufmerksamkeit schon frühzeitig fördern. Kleine Kinder konzentrieren sich immer dann gut, wenn ihre Neugier geweckt ist. Abwechselnde stimulierende Reize für Haut, Augen und Ohren, Muskeln und Gelenke verstärken schon früh ihre Konzentration. Sie können sich ihren Handlungen dann aufmerksamer widmen und die Aufmerksamkeit länger beibehalten. Sie gewinnen an Selbstkontrolle und können dann auch ihre Körperbewegungen besser kontrollieren. Dies hat einen wichtigen Nebeneffekt: Die Kinder lernen dabei, Bewegungsrisiken besser abzuschätzen und ihren Körper so zu schützen (z. B. im Straßenverkehr).

Seltener werdende Alltagsbewegungen und ihre Auswirkungen können also wesentliche Gründe dafür sein, dass ein Kind nicht aufmerksam ist oder sich in der Schule nur unzureichend konzentrieren kann. Die **körperlichen Erfahrungen eines Kindes** entscheiden nicht nur über seine **Motorik**, seine **Koordination und Kondition**. Sie beeinflussen auch sein **Selbstbild**, sein **soziales Verhalten**, seinen **Mut und Willen**, sein **Denken und Wissen**. Die Bewegungserlebnisse der frühen Kindheit prägen seine kognitive und seine emotionale Intelligenz. Erkenntnisse der neurologischen Forschungen bestätigen, dass erst das Lernen durch Bewegung eine intensive und weitreichende Vernetzung der Lerninhalte im Gehirn ermöglicht.

Kinder, die sich gar nicht konzentrieren können, sind selten. Ein Kind spielt z. B. ausgeprägt und hört oft gleichzeitig gern Hörspiele oder verfolgt einen Film im Fernsehen so intensiv, dass es kaum auf Ansprache reagiert. Doch auch die gegenteilige Situation kennen Eltern: Das gleiche Kind sitzt seit über einer Stunde an den Hausaufgaben und kommt nicht weiter. Es schaut aus dem Fenster und träumt, kritzelt im Heft herum, geht auf die Toilette, muss unbedingt etwas trinken. Es macht alles andere, aber nicht seine Hausaufgaben.

Kinder können sich in verschiedenen Situationen recht gut konzentrieren (z. B. beim Spielen oder Fernsehen), in anderen Situationen allerdings eher eingeschränkt (z. B. bei den Hausaufgaben).

Aufmerksamkeit ist keine Fähigkeit, die Kinder schon bei der Geburt aufweisen, sondern ein Entwicklungsprozess und eine Einstellung, die sie beim Spielen und in der Schule erlernen. Die **Entwicklung der Konzentrationsfähigkeit** besteht unter anderem im **aktiven und bewussten Ausschalten von Umgebungsreizen**. Kinder lernen dies im aktiven Spiel miteinander und im selbstständigen Umgang mit Alltagssituationen und Alltagsbewegungen. Gerade das „selbstständige Aneignen" von Fähigkeiten durch ungehemmte Alltagsbewegungen wird leider immer häufiger von überängstlichen Eltern gehemmt und teilweise ganz unterdrückt.

Häufig sind Kinder, die in die Schule kommen, in ihrer Entwicklung noch nicht so weit, dass sie mit den häufig leider sehr bewegungsarmen Lernmethoden problemlos umgehen können. Bei Misserfolgen verbinden die betroffenen Kinder das Lernen dann mit Versagen und geraten so in einen Teufelskreis.

Die **Kopfgymnastik** kann mithelfen, **Basisvoraussetzungen und Basiskompetenzen für das Lernen** aufzuholen. Sie kann helfen, Stressreaktionen abzubauen, sodass neuer Stoff leichter aufgenommen und das Erinnerungsvermögen unterstützt werden kann. Die hier zusammengestellten Übungen bieten eine breit gefächerte Auswahl. Das verbindende Element all dieser Übungen ist die Bewegung.

Die Kopfgymnastik kann sich positiv auswirken auf:

- Lese- und Schreibfertigkeiten
- Konzentration und Wahrnehmung
- Selbstbewusstsein und Selbstwertgefühl
- die Koordination des gesamten Körpers
- die Integration beider Gehirnhälften
- den Umgang mit Stress
- dauerhafte Müdigkeit
- Schul- und Prüfungsängste
- Lernblockaden
- die Einstellung zum Lernen
- das Erlernen von Rechtschreibung und Mathematik
- Aktivierungsstörungen (Überaktivität oder Antriebslosigkeit)
- Selbstwertprobleme und betrübte Zustände
- Unsicherheit und Ängste
- den empfundenen Leistungsdruck

Unser lernfähiges Gehirn

Denken, essen, reden, lachen, Fahrrad fahren, atmen, sehen, riechen, hören, fühlen, laufen, springen, werfen, reiten, lernen, schreiben, Klavier spielen, schwimmen, rechnen, spazieren gehen …
All das machen wir, manches auch gleichzeitig. Und vieles, ohne lange darüber nachzudenken. Mit Armen und Beinen oder mit den Händen. Mit Nase, Mund oder Augen. Wir werden müde oder bekommen Hunger. Wir merken und erinnern uns an viele Dinge, sogar Düfte! Einiges passiert scheinbar einfach so in unserem Körper. Aber etwas ist immer beteiligt, egal was wir tun – auch dann, wenn wir nichts tun: unser Gehirn.

Das **Gehirn steuert Körperfunktionen**, verarbeitet und speichert Erlerntes und Erlebtes und lenkt Gemütsbewegungen. Es ist die Schaltzentrale des menschlichen Körpers. Trotzdem nutzen wir nur einen Bruchteil seiner Fähigkeiten. Lässt sich diese Leistungsreserve mobilisieren? Ja!

Die Art und Weise, wie wir auf äußere Reize reagieren, hängt im Wesentlichen von der im Laufe des Lebens gewonnenen **Erfahrung** und von unserer individuellen **Lebenseinstellung** ab. Das menschliche Gehirn unterscheidet sich daher grundlegend von einem Computer, der üblicherweise gern als Vergleich herangezogen wird. Ein Computer kann Informationen nur nach einem vorgegebenen Programmschema verarbeiten und abspeichern. Mit dem Gehirn denkt und fühlt der Mensch, hier liegen die Wurzeln seiner Intelligenz.
Von außen ähnelt das Gehirn durch Gehirnwindungen und enge Spalten einer überdimensionalen Walnuss. Durch die vielen Windungen und Falten findet die große Oberfläche des Gehirns ausreichend Platz im Schädel. Das Gehirngewebe enthält etwa 100 Milliarden Nervenzellen und etwa eine Billion Stützzellen, die das Gewebe stabilisieren. Unser Gehirn besteht aus **verschiedenen Teilen**, die **unterschiedliche Aufgaben** haben: dem Großhirn, dem Zwischenhirn, dem Hirnstamm mit verlängertem Mark und dem Kleinhirn.

Die **Verknüpfung der beiden Gehirnhälften über die Mittellinie** ermöglicht das Sehen mit beiden Augen, das Hören mit beiden Ohren und koordinierte Körperbewegungen. Jede dieser Fähigkeiten ist die **Grundlage für stressfreies Lernen** und andere Aktivitäten. Die Hand-Augen-Koordination ermöglicht flüssiges Schreiben. Zentrale Voraussetzung für integriertes Lernen ist die Zusammenarbeit aller Teile des Gehirns. Die Bereiche des Gehirns – Großhirn, Mittelhirn, Hirnstamm und Kleinhirn – lassen sich grob **in drei Dimensionen einteilen**. Erst wenn alle drei Dimensionen des Gehirns miteinander kommunizieren, ist stressfreies Lernen möglich.

1. Dimension ➜ Rechts-Links: Großhirn

Das Großhirn besteht aus einer **rechten** und einer **linken Gehirnhälfte**. Beide sind durch ein dickes Bündel aus Nervenfasern verbunden, dem Balken – auch Corpus Callosum genannt.

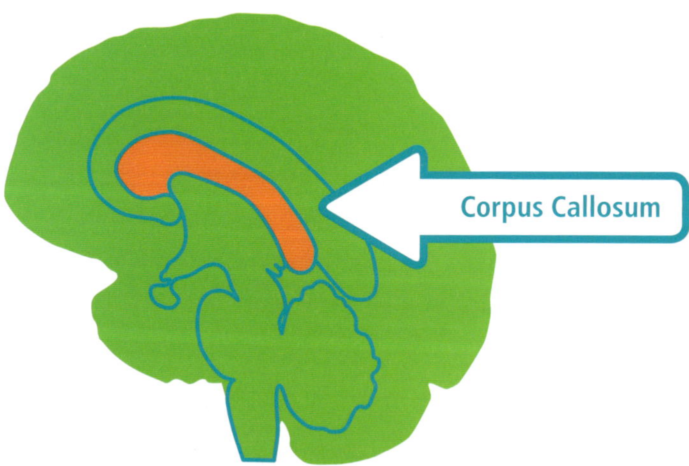

Durch **gezielte körperliche Übungen**, die sehr einfach auch von Kindern und älteren Menschen ausgeübt werden können, werden **über das Corpus Callosum Reize übermittelt**. Diese Brücke sichert den Informationsaustausch zwischen beiden Hälften. Unter Stress – nervlicher Anspannung – kann die balkenähnliche Verbindung blockiert werden.

Die „Kopfgymnastik" verschafft den Zugang zu den Teilen des Gehirns, die blockiert sind, und hilft so, Stress abzubauen. Sie unterstützen die sogenannte „Myelinisierung" der bis zu 250 Millionen Nervenfasern im Corpus Callosum. Das Myelin legt sich wie eine Schutzschicht um die Nervenfasern herum. Die Myelinisierung der entsprechenden Hirnregionen findet im ganzen ersten Lebensjahr durch ständige Berührungserfahrung statt. Selbst im Jugend- und Erwachsenenalter ist dieser Prozess noch nicht abschlossen – solange sich der Mensch auf **neue Lernerfahrungen** einlassen kann.

Immer wenn neue Bewegungen erlernt werden, findet ein solcher **Myelinisierungsprozess** statt.
Das Myelin verbessert die elektrische Leitfähigkeit erheblich und macht so eine schnelle und fehlerfreie Übertragung der Signale und Befehle im Nervensystem möglich – vergleichbar einem elektrischen Kabel, das von einer isolierenden Schicht umgeben ist. Sie verhindert so auch, dass Teile der Impulse verloren gehen bzw. abgeschwächt werden, was eine fehlerhafte Informationsvermittlung und damit letztendlich eine falsche oder ungewollte Reaktion des Körpers bedeuten kann. Die „Leitungsgeschwindigkeit" kann nach der Myelinisierung etwa 200-mal höher sein.

Jede der beiden Gehirnhälften besteht wiederum aus Bereichen mit unterschiedlichen Funktionen. Das **Großhirn kontrolliert Bewegungen und verarbeitet Sinneseindrücke** von außen. Hier entstehen bewusste und unbewusste Handlungen und Gefühle. Es ist außerdem für Sprache und Hören, Intelligenz und Gedächtnis verantwortlich. Die beiden Gehirnhälften haben zum Teil unterschiedliche Funktionen:

Die **linke Hirnhälfte nimmt Einzelheiten wahr**. Wie beim Computer werden Daten und Informationen **Schritt für Schritt logisch verarbeitet** und systematisch abgespeichert. Dort läuft alles „ordentlich" überlegt und nach Regeln ab. Buchstabieren, Rechnen, Beschreibungen geben, Berichte abfassen – das alles passiert links.

Die **rechte Hirnhälfte** behält den **„Überblick über das Ganze"**, sieht alles gleichzeitig. Blitzartige **Eingebungen, Kreativität, Bilder, Farben, Formen, Musik und Fantasie** befinden sich in der „unordentlichen", gefühlsorientierten rechten Hälfte.

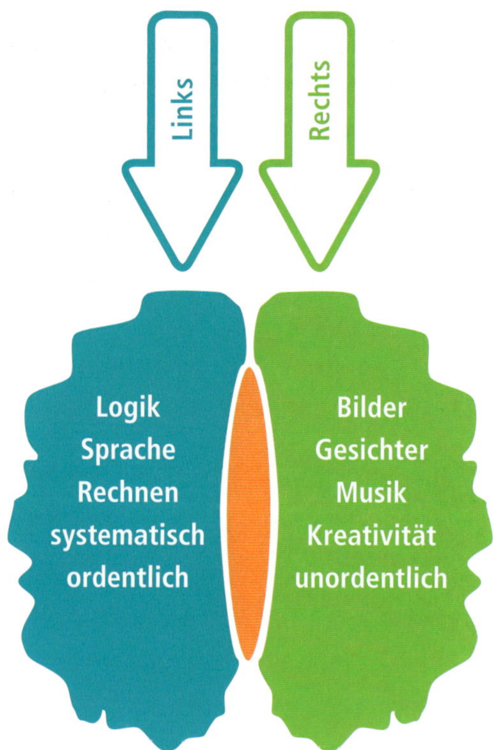

Während die linke Hälfte bei den meisten Menschen auf Sprache und abstraktes Denken spezialisiert ist, kommt die rechte in der Regel dann zum Einsatz, wenn es um räumliches Denken oder bildhafte Zusammenhänge geht. Die **motorische Führung der Körperseiten ist gekreuzt**: Die rechte Gehirnhälfte steuert die linke Körperseite, die linke Hälfte ist für die rechte Seite zuständig.

Der **Schwerpunkt der „Kopfgymnastik" liegt auf dem Überkreuzen der Mittellinie**, die die linke, logische Gehirnhälfte und die rechte, kreative Gehirnhälfte mit der jeweiligen Körperseite verbindet.

Durch Bewegungen im Säuglingsalter und in der gesamten frühkindlichen Entwicklung bildet das Gehirn seine Nervenbahnen immer weiter aus. Babys greifen nach etwas, fühlen: Ist es glatt, weich, rau? Darüber begreift das Gehirn wieder etwas Neues. **Bewegungsmangel in der Kindheit** ist nicht selten der Grund für spätere

Lernschwierigkeiten. Ein Baby macht beim Krabbeln unaufhörlich Überkreuzbewegungen. Viele Babys überspringen aber die Krabbelphase – hier herrscht die allgemeine Meinung vor, das sei nicht schlimm.

Für die **Rechts-Links-Koordination** ist es aber grundsätzlich eine wichtige Übung. Bei Kindern mit motorischen Bewegungsstörungen wird bei der Krankengymnastik auf jeden Fall zunächst das Krabbeln nachgeholt. Das Überspringen der Krabbelphase muss sich natürlich nicht zwingend negativ auswirken: Wenn dieses Kind später beispielsweise in einer sehr bewegungsanregenden Umgebung aufwächst, kann dies ausgleichend wirken.

Die Übungen der „Kopfgymnastik" setzen genau hier an: **Kinder ins Gleichgewicht zu bringen** und **Blockaden aufzulösen**, die auch seelischer Natur sein können. Vor allem durch die Überkreuzbewegungen werden Blockaden gelöst und die Verbindungen der beiden Hemisphären (Hirnhälften) werden neu angebahnt.

2. Dimension ➜ Oben-Unten: Kleinhirn

Das Kleinhirn ist unter anderem für das **Gleichgewicht**, die **Körperhaltung** und die **Bewegung im Raum** zuständig. Geraten wir durch zu viel Lernstoff, Zeitdruck oder Überreizung aus dem Gleichgewicht, so reagiert das limbische System mit irrationalen Angst, Kampf- oder Fluchtreflexen.

Geht es in der Familie drunter und drüber? Gibt es Situationen, in denen die einzelnen Familienmitglieder durcheinander, geistig zerstreut, unkonzentriert, unkoordiniert, außer sich, manchmal wütend und im Stress sind? Vielleicht nicht mehr ein noch aus wissen und die Balance, die Ausgeglichenheit fehlt? Dann kann die Kopfgymnastik diese **Dysbalancen, Koordinationsstörungen und Unausgeglichenheit positiv beeinflussen**. Da wir aber nichts wirklich gut lernen können, das für uns ohne Bedeutung oder Gefühl ist, müssen wir ständig die Linie zwischen abstraktem Denken und emotionalem Gehalt überqueren. Durch die entsprechenden Übungen der Kopfgymnastik stellen wir wieder eine **belastbare Verbindung zwischen Großhirn und Kleinhirn** her.

3. Dimension ➜ Hinten-Vorn: Mittelhirn

Im Mittelhirn wird entschieden, ob eine **Verbindung zwischen Großhirn** (im Vorderhirn werden neue Informationen verarbeitet) **und Hinterhirn** (Informationen, die wir bereits kennen) entsteht. Der Organismus reagiert mit Zurückhaltung oder Rückzug, wenn er mit zu vielen neuen Situationen oder Informationen überflutet wird. Dies äußert sich unter anderem durch ein reflexartiges Zusammenziehen der Muskeln auf der Körperrückseite. Diese Verspannung blockiert den notwendigen Austausch von Informationen zwischen Vorder- und Hinterhirn. Um die Muskeln wieder auf ihre eigentliche Länge zu bringen, helfen hier die **Entspannungsübungen und Dehnübungen**, z. B. „Die Wadenpumpe" (S. 54 f) und „Der stumme Diener" (S. 56 f).

Kapitel 2

Die Kopfgymnastik-Übungen

Übersicht

Die „Kopfgymnastik" besteht aus drei unterschiedlichen Übungsbereichen. Alle Übungsbereiche werden zu Beginn des Kapitels ausführlich erklärt und beschrieben.

1. Kraft-Übungen ohne Muskelpakete

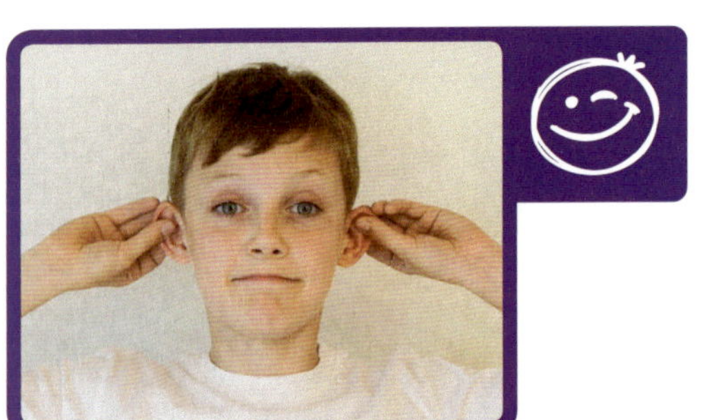

… sind Übungen, die positives Verhalten und eine positive Lebenseinstellung unterstützen.

2. Überkreuz-Bewegungen mit dem X

… aktivieren und begünstigen, durch das Überkreuzen der Mittellinie, das gleichzeitige Arbeiten mit beiden Gehirnhälften.

3. Dehnungsübungen

… lockern und entspannen die Muskulatur und helfen, die Konzentration und die Aufmerksamkeit zu halten.

Legende der einzelnen Übungen:

Warum?

Hier wird erklärt, was diese Übung bewirkt und bei welchen Lernschwierigkeiten bzw. Blockaden diese Übung angewendet wird.

So geht's

Hier werden die Durchführung der einzelnen Übungsschritte, die Anzahl der Wiederholungen und die Intensität der einzelnen Übung genau beschrieben.

Info an die Kinder

Hier finden sich hilfreiche Informationen, kindgerecht verfasst.

Tipps

Weitere wertvolle Hinweise, Ratschläge und Durchführungshilfen, die das Vermitteln der „Kopfgymnastik" unterstützen.

1. Kraft-Übungen ohne Muskelpakete

… sind Übungen, die positives Verhalten und eine positive Lebenseinstellung unterstützen.

Spätestens im Vorschulalter prägt sich bei jedem Menschen eine **Dominanz der linken oder rechten Gehirnhälfte** aus. Daraus entwickelt sich – gekreuzt zur dominanten Hirnhälfte – auch die bevorzugte Schreibhand. Besonders in Stresssituationen nutzen wir meist verstärkt unsere dominante Gehirnhälfte – meistens ist das die linke. Die zur Entwicklung von ganzheitlichen Lösungen so wichtige rechte Gehirnhälfte ist in dieser Situation meist blockiert.

Das Wort „Stress" bezog sich ursprünglich auf physische Belastung und wurde z. B. in der Industrie verwendet für das Testen von Materialien. Material wurde in mechanischen Prüfungen so lange „Stress" ausgesetzt, bis es sich verbog, platzte oder riss.

Stress kommt bei allen Menschen auf dieselbe Art zustande, egal ob alt oder jung. Körper und Geist laufen auf Hochtouren, wenn wir uns einer Situation nicht oder nur schlecht gewachsen fühlen. Das Gefühl „Ich schaff das nicht" genügt oft schon. Der Kopf reagiert blitzschnell. **Starke emotionale Reaktionen** können zu **Denkblockaden** führen. Man könnte den menschlichen Körper mit dem Stromkreislauf eines Haushaltes vergleichen: Ist der Stromkreislauf durch die Aktivität vieler verschiedener Geräte überlastet, so wie im menschlichen Körper die neurologischen und physiologischen Funktionskreise überfordert werden können, schalten beide Systeme ab. Sie blockieren. In der traditionellen chinesischen Medizin (TCM) werden diese **Funktionskreise** als Meridiane bezeichnet. In einigen **Übungen der Kopfgymnastik** stimulieren wir durch Berührung und Massage **Punkte aus dem chinesischen Akupressur-System**.

Die Kopfgymnastik verbindet uralte Erfahrungen aus der TCM mit neuen Erkenntnissen aus der Gehirnforschung. Sie kann den gestörten Energiefluss im Körper wieder ins Gleichgewicht bringen und – was gerade für die kleinen und großen unruhigen Geister von Bedeutung ist – durch einfache Übungen die

Zusammenarbeit der rechten und linken Hirnhälfte verbessern. Das Konzentrieren auf bestimmte Lernaufgaben wird damit erleichtert, Lernblockaden werden abgebaut, Prüfungsängste und Lerndruck lösen sich, Ziele wieder erkannt.

In einigen Übungen des nachfolgenden ersten Bereiches der „Kopfgymnastik" der sogenannten **„Kraft-Übungen ohne Muskelpakete"**, sind Mediationsübungen mit eingebunden. Diese Mediationsübungen dienen der selbstständigen Lösung von täglichen Konfliktsituationen, der Stärkung des Selbstbewusstseins und der Lösung von Blockaden, die durch Konflikte entstehen, z. B.: Probleme bei der Schreibweise komplizierter Wörter oder der Lösungsweg einer Rechenaufgabe. Aber auch das Schlichten von Streitereien im kindlichen Alltag.

Mit Kindern **kleine Mediationsübungen** durchzuführen, ist sehr effektiv. Ich nenne die Übungen **„Kopfkino zur Konfliktlösung"**. Kinder erfahren während einer Entspannungsphase, positive Lösungen von Konflikten selbstständig zu entwickeln. An der Entwicklung von eigenen Lösungswegen werden sie sehr oft durch Fernsehen, Computer etc. gehindert. Zur gesunden Entwicklung und zur inneren Sicherheit ist die Entstehung der inneren Bilder von größter Bedeutung. Mediationsübungen sind für viele Kinder äußerst schwierig, weil es etwas bedeutet, was die Kinder oft nicht kennen: Konfliktsituationen werden positiv gedanklich ausgetragen. Dabei ist das Stillsein, In-sich-Gehen, wobei auch der Körper ruhig gehalten wird – und das auch noch mit geschlossenen Augen, schon zu Beginn eine Herausforderung an die Kinder. Viele Kinder haben anfangs Probleme damit. Auch weil sie erst das Vertrauen aufbauen müssen, sich auf diese neue Situation einzulassen.

Übung 1.1: „Das Wassertrinken"

Warum?

Wenn wir bedenken, dass der menschliche Körper zu rund 70 % aus Wasser besteht und dass eine gute Wasserversorgung das Leitvermögen der Nervenbahnen zwischen dem Gehirn und den Sinnesorganen steigert, dann ist die Sache schon klar. Dies ist unsere einfachste und zugleich wichtigste Übung: „Wassertrinken" unterstützt uns in unserer täglichen Denkarbeit. Anspannung und Druck erschöpfen den Körper und entziehen den Zellen Flüssigkeit, welches wir ihm wieder zuführen müssen. Wasser ist ebenfalls unentbehrlich für das einwandfreie Funktionieren unserer Lymphbahnen und damit zur Gesunderhaltung und Bewahrung der Leistungsfähigkeit unseres Körpers.

So geht's

Am besten trinken wir zimmerwarmes Mineralwasser ohne Kohlensäure oder Leitungswasser. Es wird so vom Körper besser aufgenommen. Jedes andere Getränk muss der Körper verdauen und das kostet Energie. Wasser aber kann der Körper sofort nutzen. Der Wasserbedarf von Grundschulkindern beträgt ca. 1,5 l (etwa 7 Gläser) pro Tag. Wasser kann vom Körper am besten aufgenommen werden, wenn wir es in kleinen Mengen und dafür häufig über den Tag verteilt zu uns nehmen.

Info an die Kinder

Wenn wir genügend Wasser trinken, fühlen wir uns klar im Kopf und können bereits Gelerntes (z. B. eine Schleife binden, ein Spiel beherrschen) besser aus unserem Gedächtnis abrufen.

Tipps

Trinkwasser sollte den Schülern im Unterricht jederzeit zur Verfügung stehen, z. B. in Form einer „Trinkstation" mit Wasserflaschen und Gläsern. Die Schüler sollten auch während einer Stillarbeitsphase jederzeit aufstehen und etwas trinken dürfen.

Übung 1.2: „Die Denkmütze"

Warum?

Die „Denkmütze" stimuliert über 400 Akupressurpunkte an den Ohren. Sie regen verschiedene Funktionen des Gehirns und des Körpers an. Durch sie können wir die Denkfähigkeit und das Gedächtnis aktivieren. Auch unser Kurzzeitgedächtnis und das Denken in Worten können verbessert werden.

So geht's

Wir fassen an unsere Ohren mit den Daumen und den Zeigefingern. Die Daumen befinden sich in den Ohrmuscheln und die Zeigefinger hinter den Ohrmuscheln. Langsam und sanft massieren wir nun die Ohren: von oben nach unten und von innen nach außen. Die Massage kann gerne 5- bis 10-mal wiederholt werden – bis alle rot glühende Ohrmuscheln haben.

Info an die Kinder

„Die Denkmütze" kann euch helfen, die Aufmerksamkeit auf das Hören zu konzentrieren. Ablenkende Geräusche, wie z. B. das Tuscheln anderer Kinder, könnt ihr dann besser ausblenden.

Tipps

Generell können alle „Kraft-Übungen ohne Muskelpakete" zur Einstimmung des Unterrichtes genutzt werden – also zu Beginn einer solchen Stunde. Die „Denkmütze" kann in einer sitzenden oder stehenden Position ausgeführt werden. Sie ist eine sehr einfache und lustige Übung, die auch gern zum Wetteifern anregt. Wer hat die feurigsten und heißesten Ohren?

Übung 1.3: „Die Aufweckpunkte"

Warum?

Das Massieren der „Aufweckpunkte" (Akupressurpunkte) steigert die Aufnahme von Sauerstoff. Die Stimulation der Halsschlagader führt zur verstärkten Blutzufuhr zum Gehirn.

So geht's

Wir stehen locker und entspannt, unsere Beine stehen hüftbreit auseinander. Wir legen den Daumen und den Zeigefinger einer Hand auf unsere „Aufweckpunkte". Das sind zwei weiche Kuhlen im Muskelgewebe unterhalb des Schlüsselbeins (siehe Bild unten).
Durch leichtes, kreisförmiges Massieren stimulieren wir diese. Gleichzeitig legen wir die andere Hand auf den Bauchnabel. Nach ca. einer halben Minute wechseln wir die Hände. Hierzu benötigen wir eine Sand- oder Stoppuhr.

Info an die Kinder

Damit erfrischen wir unser ganzes Gehirn und erhöhen die Aufmerksamkeit für alles neue Wissen, das wir im Unterricht erfahren.

Tipps

Wir sollten die Kinder auffordern, ihre Aufweckpunkte nur leicht zu massieren. Niemand darf bei einer Übung Schmerzen empfinden. Die Aufweckpunkte können, wie alle anderen „Kraft-Übungen ohne Muskelpakete", sehr gut zur Einstimmung des Unterrichts genutzt werden.

Eine Variante und Intensivierung der Übung ist z. B. mit den Augen eine „liegende Acht" (Bilderrahmen mit „liegender Acht" an der Wand) zu verfolgen oder mit der Nase eine „liegende Acht" in die Luft zu malen.

Übung 1.4: „Die Entspannungspunkte"

Warum?

Das leichte Massieren der „Entspannungspunkte" sorgt für eine tiefere Durchblutung der Stirnlappen im Frontbereich unseres Gehirns, und zwar dort, wo das zweckmäßige Denken angesiedelt ist. Wer kennt die Situation nicht: „Es liegt mir auf der Zunge, aber ich komme nicht drauf."
In der Rechtschreibung und Mathematik fördert es zudem das Langzeitgedächtnis. Durch die Entspannung in der Übung wird Stress aufgelöst und Gedächtnisblockaden können überwunden werden.

So geht's

Wir setzen uns auf die vordere Sitzkante eines Stuhls. Der Rücken ist gerade. Nun berühren wir mit beiden Händen (Fingerspitzen) sanft unsere Stirnbeinhöcker. Diese befinden sich über der Mitte der Augen, zwischen den Augenbrauen und dem Haaransatz. Die Augen sind bei dieser Übung geschlossen und ein unsichtbares Gummiband zieht unseren Kopf in Richtung Decke.

Um die Wirkung der „Entspannungspunkte" zu steigern, verbinden wir diese mit einer Mediation. Wir denken bei dieser Übung an die besonders knifflige Schreibweise eines Wortes. Dieses Wort buchstabieren wir gedanklich vorwärts und rückwärts.

Kinder im Vorschulalter können bei dieser Übung z. B. an ihren unordentlichen Gruppenraum im Kindergarten denken und versuchen, diesen gedanklich Stück für Stück aufzuräumen. Für Kinder ist das Aufräumen oft eine unbeliebte Situation. Durch die gedankliche Auseinandersetzung mit unangenehmen Zuständen und Konflikten lernen Kinder, diese positiv zu bewältigen. Die entspannende Wirkung der Übung wird durch diese Mediation noch verstärkt. Die Übung sollte mindestens eine Minute lang andauern. Wir benötigen dazu eine Sand- oder Stoppuhr.

Info an die Kinder

In erster Linie werdet ihr merken, dass euch diese Übung entspannt. Die Berührung der Stirn sorgt aber auch dafür, dass mehr Blut in euer Gehirn fließen kann. Und zwar genau in den Teil, der für neue Ideen und Erkenntnisse zuständig ist – oder, wie man sagt, wo uns manchmal „ein Licht aufgeht".

Tipps

Die Übung „Die Entspannungspunkte" kann vor oder nach anspruchsvollen Fördermaßnahmen eingesetzt werden, z. B. bei geplanten Rechen- und Denkspielen. Die Übung kann auch in Partnerarbeit durchgeführt werden. Ein Kind sitzt auf einem Stuhl. Der Partner steht dahinter und hält die „Entspannungspunkte". Eine Minute kann sehr lang sein. Die Kinder sollten bei der Übung flüsternd motiviert und immer wieder an ihre Grundhaltung erinnert werden. Das unsichtbare Gummiband nicht vergessen!

Übung 1.5: „Das Kraftgähnen"

Warum?

Gähnen ist ein natürlicher Atemreflex. Dieser verbessert die Energiezufuhr zum Gehirn und aktiviert den gesamten Körper. Um Kieferverspannungen vorzubeugen, sollte das Gähnen keinesfalls unterdrückt werden. Es ist aber ein „Zeichen der guten Erziehung", die Hand vor den Mund zu halten. Durch diese Übung lösen sich Spannungen sowie Blockaden im Kopf und der Kiefermuskulatur.

So geht's

Wir denken an das Gähnen und tun einfach mal so, als wenn wir gähnen müssten – prompt stellt sich dieser Effekt ein. Wir schließen dabei fast automatisch die Augen und halten sie auch geschlossen. Mit den Fingerspitzen beider Hände massieren wir die Kiefergelenkmuskulatur im hinteren Wangenbereich. Auch ein wohliger Ton darf nicht fehlen. „Das Kraftgähnen" kann 3- bis 4-mal wiederholt werden.

Info an die Kinder

Während wir gähnen, schlägt unser Herz schneller und pumpt mehr Blut ins Gehirn. So kann das Gehirn besser arbeiten. Gleichzeitig wird es gekühlt durch die frische Luft, die man beim Gähnen tief einsaugt. Sie kühlt das Blut auf seinem Weg ins Gehirn durch die vielen kleinen Adern in Rachen und Nase ab. Unser Gehirn wird durchs Gähnen „frisch gelüftet". Gähnen macht also nicht müde, sondern munter und fit. Unsere Aufmerksamkeit und Wahrnehmung verbessert sich.

Tipps

Generell können alle „Kraft-Übungen ohne Muskelpakete" zur Einstimmung des Unterrichtes genutzt werden, also zu Beginn einer solchen Stunde. Diese kann in einer sitzenden oder stehenden Position ausgeführt werden. Das „Kraftgähnen" ist eine einfache und lustige Übung, die zum Wetteifern anregt. Aber auch nach einer Entspannungsübung wirkt sie aufweckend und anregend.

Übung 1.6: „Der Stampfer"

Warum?

Diese Übung fördert unsere geistige Aufgewecktheit und hilft uns, unseren Körper bewusster wahrzunehmen. Durch den leichten Druck der Finger werden Akupressurpunkte stimuliert. Beide Hände liegen bei dieser Übung an der vorderen Mittellinie des Körpers. Wir erleben eine Verbindung der oberen und unteren, linken und rechten Körperhälfte. Dies ist eine Voraussetzung dafür, die Position anderer Gegenstände im Raum zu bestimmen, und erleichtert es uns, unsere beiden Körperhälften zu koordinieren. Auch bei dieser Übung wechseln die Hände, damit beide Gehirnhälften aktiviert werden.

So geht's

Die Fingerspitzen einer Hand (Zeigefinger und Mittelfinger) üben einen leichten Druck auf den Bereich zwischen Unterlippe und Kinn aus, die andere Hand liegt auf dem Bauch in Höhe des Nabels. Wir stampfen wie eine Elefantenherde oder Bärenfamilie durch den Raum. Nach einer halben Minute wechseln wir nun die Hände und stampfen eine weitere halbe Minute. Unsere Augen schauen dabei vor uns auf den Boden. Wir benötigen hier eine Sand- oder Stoppuhr.

Info an die Kinder

Diese Übung fördert unsere geistige Aufgewecktheit.
Wir können unseren Körper bewusster wahrnehmen.

Tipps

„Der Stampfer" kann wie alle anderen „Kraft-Übungen ohne Muskelpakete" sehr gut zur Einstimmung des Unterrichtes genutzt werden. Nach einer gemütlichen Entspannungsübung wirkt er anregend und fördert das Zurückkommen bzw. die Orientierung im Raum.

Übung 1.7: „Die Acht einhaken"

Warum?

Die Haltung von Armen und Beinen in Form einer „liegenden Acht" entspricht den Energiebahnen des Körpers. „Die Acht einhaken" wirkt kräftesammelnd und konzentrationsfördernd. Wir erleben Stressabbau auf körperlicher, emotionaler und geistiger Ebene. Das Zusammenführen der Fingerspitzen aktiviert die dort befindlichen Akupressurpunkte und fördert die Zusammenarbeit unserer beiden Gehirnhälften.

So geht's

Diese Übung besteht aus zwei Teilen.

Teil 1: Wir setzen uns auf die vordere Sitzkante eines Stuhles. Unser Rücken ist gerade. Nun strecken wir beide Arme gerade nach vorn aus. Die Handinnenflächen zeigen jeweils nach außen. Nun überkreuzen wir die Handgelenke und legen beide Handinnenflächen aneinander, die Finger werden wie zu einem Gebet verschränkt. Nun führen wir die Hände nach unten und weiter nach innen, vor die Brust. Wir entspannen die Schultern und überschlagen die Beine, sodass unsere Fußknöchel locker übereinanderliegen. Liegt der linke Arm vorn, sollte das rechte Bein über das Linke kreuzen. Wenn der rechte Arm vorn liegt, sollte das linke Bein über dem Rechten kreuzen. (Diese Variante wählen in der Regel Rechtshänder.)
Im Sitzen sind unsere Beine locker ausgestreckt. Unsere Zungenspitze ruht während der Übung hinter den Schneidezähnen. Unsere Augen sind geschlossen. Ein unsichtbares Gummiband an unserem Kopf zieht uns in eine aufrechte Haltung.

Bei dieser Aufgabe fügen wir eine Mediationsübung ein. Bitte finden Sie dazu mit den Kindern Wörter, die ein X enthalten. (Max, Hexe, Nixe, Lexikon, Xylofon, Text …).

Die Kinder sollen nun diese Wörter zur Konzentration in Gedanken vorwärts und rückwärts buchstabieren. Wer damit Probleme hat, denkt bei dieser Übung an ein großes X oder ein kleines x.

Vorschulkinder können versuchen, in Gedanken kleine Konfliktsituationen aus dem Kindergartenalltag positiv zu lösen. Hat man sich vielleicht um ein Spielzeug gestritten, kann das Kind nun gedanklich diese Situation noch einmal durchspielen und ein positives Ende finden. Je öfter Kinder solch eine Konfliktlösung trainieren, umso besser können diese Ideen auch im Alltag angewendet werden. Die Augen halten wir zur Entspannung geschlossen. Wir atmen langsam ein und aus. Nach ca. einer Minute lösen wir die Haltung. Nutzen Sie einen Moment nach den Übungen und sprechen Sie über die eventuellen Probleme der Kinder.

Direkt im Anschluss folgt *Teil 2*:
Wir legen die Fingerspitzen aneinander und formen mit den Händen einen „Ball“. Unsere Gedanken sollten wir, wie schon im ersten Teil, durch eine mediative Übung lenken. Nach ca. einer Minute beenden wir auch diesen Teil der Übung.

Info an die Kinder

Seid ihr ärgerlich, durcheinander oder traurig, beruhigt und muntert euch diese Übung wieder auf.

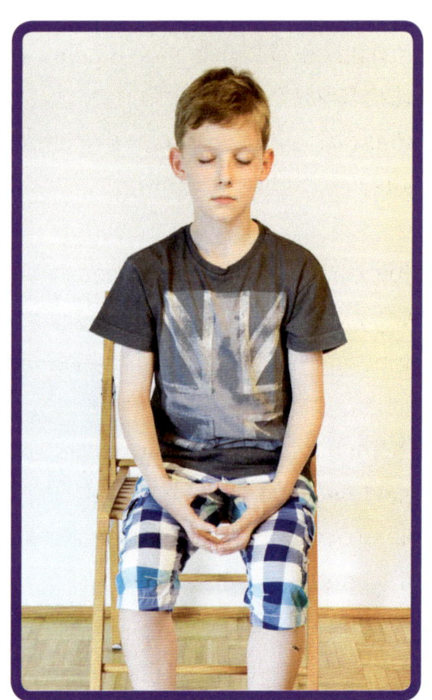

Tipps

Eine Übung, die zwei Minuten lang dauert, bedarf einer starken Ausdauer und Konzentration. Die Kinder merken aber schnell, wie entspannend diese Übung auf sie wirkt. Günstig und vorteilhaft ist es, diese Übung durch seine entspannende und beruhigende Wirkung im abschließenden Teil einer Stunde durchzuführen.

2. Überkreuz-Bewegungen mit dem X

... aktivieren und begünstigen durch das Überkreuzen der Mittellinie das gleichzeitige Arbeiten mit beiden Gehirnhälften.

Warum ist die Körpermittellinie für die Entwicklung unserer Kinder so wichtig? Die Körpermittellinie ist eine gedachte Linie. Sie verläuft durch die Mitte unseres Körpers, vom Kopf durch den Oberkörper, über das Becken, den Po und endet zwischen den Füßen. Die Mittellinie teilt unseren Körper in eine rechte und eine linke Hälfte. Augen, Ohren, Arme und Beine liegen seitlich von ihr. Stelle ich mir gedanklich meine Mittellinie vor, kann ich mich besser bei der Überkreuzung der Mittellinie beobachten und verbessern. Beginnt ein Kind, die Mittellinie in seiner Bewegung zu überkreuzen, ist dies ein Zeichen für die aktive Tätigkeit beider Gehirnhälften miteinander.

Die beiden Körperhälften können hier analog zu den beiden Gehirnhälften gesehen werden. Um beide Seiten effizient nutzen zu können, muss vor allen Dingen die Verbindung stimmen, die im Gehirn vom Corpus Callosum (dem Balken) dargestellt wird. Dieser ermöglicht den kreuzenden Austausch von Informationen. Das Kreuzen ist also eine Bedingung für die Koordination des gesamten Körpers sowie für eine gute visuelle Wahrnehmung.

Überkreuzbewegungen sind Bewegungen, bei denen die Hände, Arme, Beine und Füße die eigene Körpermitte zur anderen Seite überqueren. Auch der Blick überquert die Mittellinie, wenn z. B. ein Gegenstand über die gedachte Körpermittellinie hinaus verfolgt wird. Im Alltag brauchen wir ständig unbewusst diese Überkreuzbewegungen: beim Haarekämmen, Fensterputzen oder Schreiben. Diese Fähigkeit, die für uns ganz automatisch in unsere Bewegungsabläufe integriert ist, muss ein Kind im Laufe seiner Entwicklung erst erwerben. In besonderem Maße brauchen Kinder diese Fähigkeit zur Kooperation der Gehirnhälften und Körperseiten für komplexe Handlungen, wie Krabbeln, Malen, Klettern, Schleifen binden, Lesen, Schreiben …

Kinder, bei denen die Mittellinienkreuzung nicht ausreichend integriert und automatisiert ist, zeigen häufig Kompensationsstrategien zur Vermeidung dieser Überkreuzbewegungen. Z. B. wird das Blatt beim Malen oder Schreiben auf die dominante Seite gelegt oder der Körper so gedreht, dass das Blatt nur auf einer Seite liegt. Die Kinder greifen auf jeder Seite mit der entsprechenden Hand und wechseln somit die Arbeitshand. Dies ist in verschiedenen Alltagssituationen zu beobachten und braucht unnötig viel Zeit, Energie und Aufmerksamkeit, die dann an anderer Stelle fehlt.
Daraus können sich Schwierigkeiten in der Schule z. B. beim Lesen- und Schreibenlernen, in der Aufmerksamkeit und Konzentration und anderen Bereichen entwickeln.

Die Überkreuzung der Körpermittellinie kann geübt und automatisiert werden, indem im Alltag gezielt Situationen geschaffen werden, in denen eine Mittellinienkreuzung notwendig ist, z. B. indem man beim Essen bewusst die Marmelade auf die gegenüberliegende Seite des Tisches stellt. Auch mit einfachen Klatschspielen wird das Kreuzen der Mittellinie bereits geübt.
Verwendet ihr Kind die genannten Vermeidungsstrategien, können einfache Tipps, wie das Festkleben des Blattes mit Klebeband auf dem Tisch, hilfreich sein.

Übung 2.1: „Die Überkreuzbewegungen"

Warum?

Bei dieser Übung kommt es darauf an, immer wieder die Mittellinie des Körpers zu überkreuzen. Diese Bewegungen aktivieren beide Gehirnhälften gleichzeitig. Für Fähigkeiten, die das Überkreuzen der Mittellinie erfordern, z. B. das Schreiben und das Lesen, ist sie die beste Übung. Die Überkreuzbewegungen und gleichzeitiges Fokussieren der Augen fördern beidäugiges, plastisches Sehen. Neben der Förderung von Lesen und Verstehen fallen auch das Schreiben und das Zuhören leichter.

So geht's

Wir marschieren auf der Stelle, berühren dabei abwechselnd mit jeder Hand das gegenüberliegende Knie (rechte Hand auf linkes Knie und linke Hand auf rechtes Knie). Wir wiederholen diese Übung 10-mal. Unser Blick ist dabei nach unten gerichtet. Anschließend kommt nun eine gleichseitige Übung. Wir heben nun gleichzeitig den rechten Arm und das rechte Bein an, nun im Wechsel linker Arm und linkes Bein. Die Augen sind nach oben an die Decke gerichtet. Auch diese Übung wiederholen wir ca. 10-mal. Nun marschieren wir noch einmal auf der Stelle, berühren dabei wieder abwechselnd mit jeder Hand das gegenüberliegende Knie (rechte Hand auf linkes Knie und linke Hand auf rechtes Knie). Erneut führen wir die Wiederholungen 10-mal aus. Die Augen schauen dabei wieder nach unten.

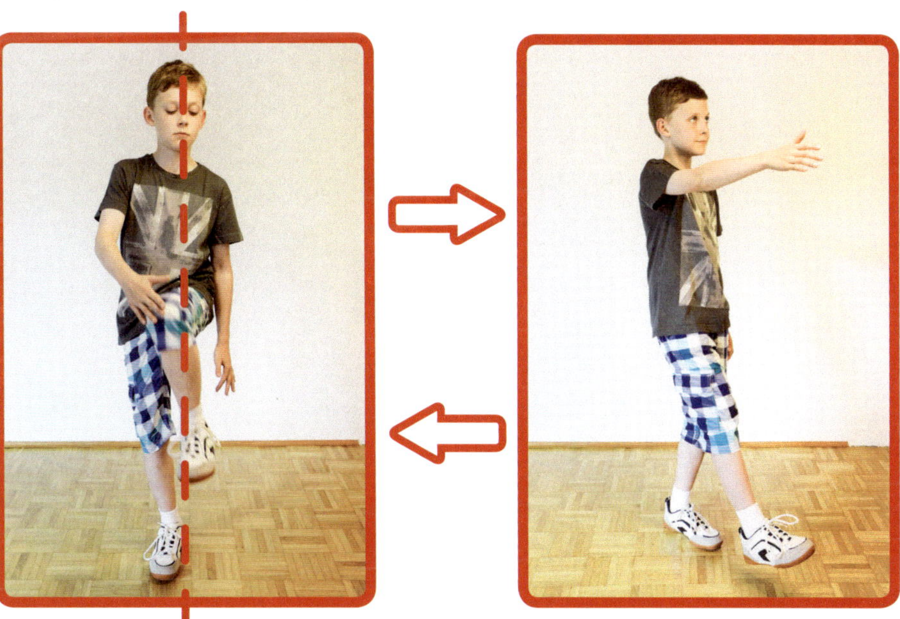

Info an die Kinder

Wenn beide Gehirnhälften auf diese Art zusammenarbeiten, fällt es viel leichter, etwas Neues zu lernen. Außerdem macht es auch mehr Spaß!

Tipps

Der Wechsel in der Übung ist gar nicht so einfach! Selbst Erwachsene kommen beim Marschieren leicht aus dem Rhythmus. Gleichfarbige Punkte an Händen und Knien erleichtern die Rechts-Links-Zuordnung! Diese Übung kann auch mit den Ellenbogen zum Knie ausprobiert werden. Die Kinder kommen schnell auf eigene Varianten.

Übung 2.2: „Die liegende Acht" (auf Papier oder an der Tafel)

Warum?

Das Malen der „liegenden Acht" unterstützt den Leseanfänger dabei, die visuelle Mittellinie ohne Unterbrechung oder Verzögerung zu kreuzen. Wir aktivieren so das rechte und linke Auge. Beide Gehirnhälften werden angeregt, das Sichtfeld zu erweitern. Die Bewegung kann Umkehrungen und Verdrehungen beim Lesen und Schreiben verbessern. Bevor Übungen wie „Die Augen-Acht" (S. 43) oder „Der Elefant" (S. 44f) geübt werden, sollten die Kinder die Fertigkeit besitzen, die „liegende Acht" ohne Probleme auf Papier oder Tafel zeichnen zu können.

So geht's

Wir zeichnen die „liegende Acht" auf ein großes Blatt Papier (DIN A3 ist ausreichend) oder eine Wandtafel. Der Mittelpunkt der Acht (das X) sollte sich vor der Körpermitte befinden. Wir malen von der Mitte aus, beginnend mit der rechten Hand, links herum gegen den Uhrzeigersinn. Dabei ist es wichtig, die zeichnende Hand mit den Augen zu verfolgen. Wir wiederholen die Übung mindestens 3- bis 4-mal und wechseln anschließend die Hand und die Laufrichtung.

Info an die Kinder

Die „liegende Acht" hilft uns, besser zu lesen. Die Übung verbessert auch den Schreibfluss. Beim Schreiben tut die Hand, was die Augen vorgeben.

Tipps

Wird diese Übung zum ersten Mal mit den Kindern durchgeführt, sollte für jedes Kind eine „liegende Acht" auf einem Papier mit einem Stift vorgezeichnet werden. Auch eine „liegende Acht" an einer großen Tafel vorzuzeichnen, ist hilfreich. In der Mitte der „liegenden Acht" sollte das X etwas hervorgehoben werden. Das X erleichtert die Orientierung. Die Kinder nehmen direkt vor dem X in der Mitte der Acht ihre Position ein. Die Übung kann am Tisch, aber auch auf dem Boden stattfinden.

Wichtig ist, dass das Blatt gerade vor den Kindern liegt. Die Kinder malen nun den vorgezeichneten Weg nach. Die „liegende Acht" darf gern richtig bunt aussehen. Die rechte und die linke Hand sollen sich gleichmäßig ablösen. Die Kinder verfolgen die Hand bei der Bewegung mit den Augen.

Ein kleiner Reimspruch zur „liegenden Acht" begünstigt den schwungvollen Lauf der Übung:

Die 8 hier ist ne Autobahn,
auf der ich prima fahren kann.
Als Fahrzeug nehm ich Wachsmalkreide
und saus herum, denn das macht Freude.
Zum Schluss hab ich ne bunte 8 –
das Ganze hat viel Spaß gemacht.

Zum Abschluss kann die bunte Autobahn noch mit kleinen Modellautos nachgefahren werden. Auch hier gilt: Die Augen verfolgen immer die Bewegung der Hand!
Es bietet sich auch an, eine lange Bahn aus Tapete auf den Boden zu kleben und die Kinder gemeinsam ein Kunstwerk aus ganz vielen „liegenden Achten" malen zu lassen.

Übung 2.3: „Die Augen-Acht"

Warum?

Das freie In-die-Luft-Zeichnen der „liegenden Acht" stärkt den Leseanfänger, die visuelle Mittellinie ohne Unterbrechung oder Verzögerung zu kreuzen. Es aktiviert das rechte und linke Auge, beide Gehirnhälften werden angeregt. Die Bewegung kann Umkehrungen und Verdrehungen beim Lesen und Schreiben verbessern.

So geht's

Wir stehen locker mit leicht gebeugtem Knie, die Beine stehen hüftbreit auseinander. Mit dem ausgestreckten rechten Arm (der Daumen zeigt nach oben) beschreiben wir vor unserem Körper eine große, liegende Acht. Dabei gehen wir von der Mitte eines erdachten X aus. Immer nach links oben beginnen! Die Augen verfolgen den Finger der Hand so weit wie möglich in alle Richtungen, dabei bewegt sich der Kopf aber höchstens ganz leicht mit. Die Übung führen wir 10-mal mit dem linken Arm, 10-mal mit dem rechten Arm und 10-mal mit beiden Armen gleichzeitig durch.

Info an die Kinder

Diese Übung hilft uns, beim Lesen keine Wörter zu überspringen und nicht den gedanklichen Faden zu verlieren. „Die liegende Acht" kann auch unseren Schreibfluss verbessern. Beim Schreiben tut die Hand, was die Augen vorgeben.

Tipps

Eine vorgemalte „liegende Acht" auf einem Bild an der Wand erleichtert den Kindern die Orientierung. Reifen auf dem Boden helfen den Kindern, Abstand zueinander zu halten. Oft behindern sie sich, wenn sie bei den Übungen zu eng beieinanderstehen. Später sollten die Kinder diese Übung ohne eine helfende Vorlage ausführen können.

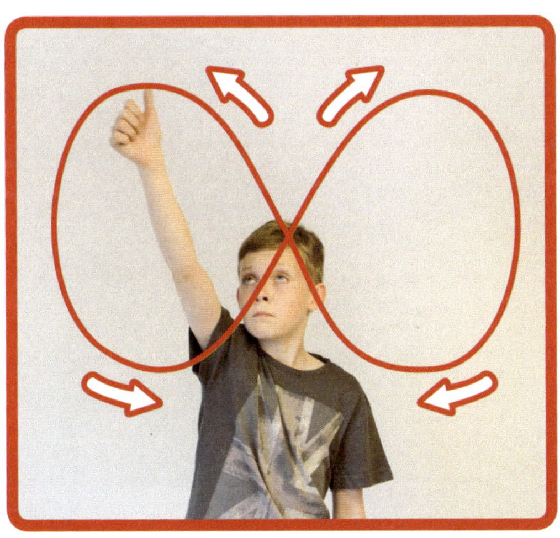

Übung 2.4: „Der Elefant" oder „Die Ohren-Acht"

Warum?

„Der Elefant" baut auf der „liegenden Acht" auf. Bevor die Kinder diese spielerische Übung machen, sollten sie die „liegende Acht" frei malen können. Die Übung aktiviert das Innenohr für unser Gleichgewicht. Sie erweitert unser Sichtfeld und fördert einen Zusammenschluss von Hören, Sehen und Bewegung des ganzen Körpers. „Der Elefant" ist gut für das Kurz- und Langzeitgedächtnis und kann hilfreich bei Sprachschwierigkeiten sein. Er entspannt zudem den Nacken und die Augen.

So geht's

Wir stehen locker mit leicht gebeugten Knien, die Beine stehen hüftbreit auseinander. Nun legen wir das rechte Ohr auf die rechte Schulter. Der rechte ausgestreckte Arm ist unser „Rüssel". Wir schauen auf unseren ausgestreckten „Rüssel" und malen, nach oben links beginnend, eine „liegende Acht". Dabei gehen wir von der Mitte eines erdachten X aus. Die Augen verfolgen die gesamte Rüsselbewegung. Bei dieser Übung darf sich unser ganzer Oberkörper mitbewegen bzw. mitschwingen. Nach 10-mal ist die linke Seite dran. Wir benötigen hierfür viel Platz. Stellen wir uns doch einmal einen Elefanten mit einem Farbpinsel am Rüssel vor. „Der Elefant" malt riesige bunte „liegende Achten" in die Luft.

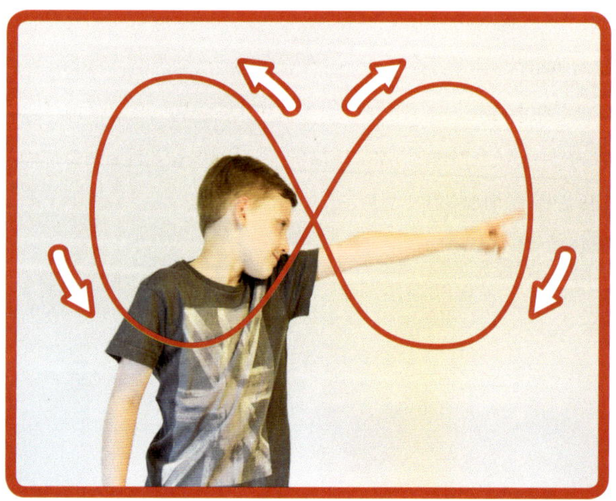

Info an die Kinder

„Der Elefant“ kann unser Lesen und das Leseverstehen fördern und kann unseren Schreibfluss verbessern. Beim Schreiben tut die Hand, was die Augen vorgeben.

Tipps

Eine vorgemalte „liegende Acht“ auf einem Bild an der Wand erleichtert den Kindern auch in dieser Übung die Orientierung. Reifen auf dem Boden helfen den Kindern, Abstand zueinander zu halten. Oft behindern sie sich, wenn sie bei den Übungen zu eng beieinander stehen. Damit das Ohr bei dieser Übung auf der Schulter liegen bleibt, können wir einen kleinen Trick anwenden: Ein Tuch, Bohnensäckchen, einen Bierdeckel oder Papier zwischen Ohr und Schulter geklemmt, hilft den Kindern, die Übung korrekt auszuführen. Später sollten die Kinder diese Übung ohne eine helfende Vorlage ausführen können.

Übung 2.5: „Simultanzeichnen"

Warum?

Mit dieser Übung fördern wir die Koordination unserer Augen und unterstützen die Hand-Augen-Koordination für eine bessere Schreibfertigkeit. Das „Simultanzeichnen" ist eine spiegelbildliche, beidhändige Aktivität, die den Richtungs- und Raumorientierungssinn fördert.

So geht's

Wir halten in jeder Hand einen Stift und malen gleichzeitig(!) mit beiden Händen spiegelbildlich auf ein großes Blatt Papier, z. B. eine Sonne (am besten im DIN-A3-Format). Sowohl die rechte als auch die linke Hand sollen die gleichen Linien zeichnen, nur spiegelverkehrt. Die Spiegelachse ist dabei eine vertikale Linie oder Faltkante, die das Blatt in eine linke und eine rechte Hälfte teilt (siehe Foto). Der unten stehende Reimspruch erleichtert uns den Einstieg. Wir nehmen uns für diese Übung mindestens zwei Minuten Zeit. Gern darf diese Übung auch länger dauern, je nachdem, wie viel Spaß die Kinder dabei haben. Wenn das mühelos geklappt hat, können wir allmählich zu mehr Kreativität und spielerischen Zeichnungen übergehen.

Info an die Kinder

Hierbei werden unser Spiel- und Erfindungsgeist und auch die Zusammenarbeit der Augen gefördert.

Tipps:

Ein Knick in der Mitte des Blattes hilft den Kindern, sich besser zu orientieren. Nach der Einführung der Übung mit dem Reimspruch können die Kinder ihrer Fantasie freien Lauf lassen. Ermuntern wir sie in ihrer Experimentierfreude! Das Zeichnen von realen Formen (wie Kreisen, Dreiecken, Sternen, Herzen, Bäumen oder Gesichtern) macht am meisten Spaß. „Simultanzeichnen" kann auch ohne großen Aufwand zwischendurch in die Luft gezeichnet werden. Die Stifte sollten sehr leichtgängig sein und ohne Druck Farbe abgeben, ich empfehle daher Wachsmalkreide.

Der kleine Reimspruch begünstigt den Zeichenfluss:

So rund ist meine Sonne, *(mit beiden Händen jeweils einen Kreis malen)*
goldgelb ist ihr Gesicht, *(mit beiden Händen in jeden Kreis ein Gesicht malen)*
ich male ihr noch Strahlen, *(mit beiden Händen viele Sonnenstrahlen malen)*
so wärmt sie dich und mich.

Übung 2.6: „Die Nackenrolle"

Warum?

Die „Nackenrolle" dehnt unseren Hals, Nacken und die Schultern. Sie hilft, geistige Müdigkeit zu überwinden, und löst Spannungen. Durch das Überkreuzen der Mittellinie werden beide Gehirnhälften aktiviert. Die „Nackenrolle" fördert beidäugiges Sehen und das Lesen.

So geht's

Wir stehen entspannt auf beiden Füßen, lassen den Kopf locker nach vorn hängen und rollen ihn 3- bis 4-mal im Halbkreis von der linken Schulter zur rechten Schulter und wieder zurück. Die Augen können wir dabei schließen.

Achtung: Bitte keine vollständige Drehbewegung mit dem Kopf machen, also nicht rundherum rollen. Außerdem die Bewegung langsam und nicht ruckartig durchführen!

Info an die Kinder

Durch die „Nackenrolle" steigert ihr eure Aufmerksamkeit. Eine müde, antriebslose Phase kann damit schnell überwunden werden.

Durchführungstipps:

Falls die Bewegung nicht für alle eindeutig ist: Wir stellen uns vor, unser Kopf wäre ein schwerer Ball, der in einer Trommel hin und her rollt.

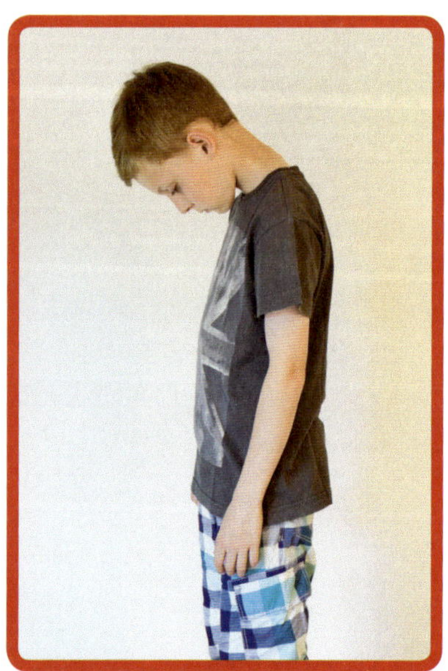

Übung 2.7: „An ein X denken"

Warum?

Mit dieser Übung schulen wir die Koordination des ganzen Körpers. Sie dient dazu, Überkreuzbewegungen besser zu koordinieren.

So geht's

Wir setzen uns auf die vordere Sitzkante eines Stuhles und legen nun den linken Fuß auf unser rechtes Knie. Unsere rechte Hand greift das linke Knöchelgelenk und die linke Hand hält die linke Fußsohle. Wir denken nun eine Minute lang an ein X und versuchen, dieses vor unserem inneren Auge bildlich zu gestalten. Zur Unterstützung der kleinen Mediation können gern verschiedene X im Raum angebracht oder angezeichnet werden. Eine Bildvorlage wirkt zu Beginn auch hilfreich.
Ein X kann ein großes oder ein kleines, weiches oder hartes, dickes oder dünnes, einfarbig oder buntes, duftendes oder neutrales X sein. Wir schließen natürlich die Augen bei dieser Übung.

Info an die Kinder

Das X aktiviert unsere beiden Gehirnhälften für beidseitige Körperbewegungen und die Geschicklichkeit des gesamten Körpers.

Tipps

Durch selbst gebastelte X, die sich im Raum befinden, bekommen Kinder jede Menge kreative Ideen.

3. Dehnungsübungen

... lockern und entspannen die Muskulatur und helfen, das Verständnis und die Aufmerksamkeit zu halten.

Kinder sind von klein auf sehr biegsam. Diese Fähigkeit muss man zwar nicht nutzen, um aus Kindern Leistungsturner zu machen, dennoch sollte diese Fähigkeit auch nicht ganz verkommen. Ein beweglicher Körper ist z. B. weniger anfällig für Verspannungen und Rückenschmerzen. Dehnungsübungen in regelmäßigen Abständen tragen dazu bei, dass die Beweglichkeit erhalten bleibt. Wenn Kinder ihre ursprüngliche Beweglichkeit schon verloren haben, ist der Körper in dem Alter noch so lernfähig und formbar, dass er nach kurzem Training wieder dehnbar wird.

Aus der Sportpraxis wissen wir, dass sich regelmäßige Dehnübungen auf den menschlichen Körper positiv auswirken.

- Dehnen erhöht die Gelenkbeweglichkeit. Dies ist wichtig für alle sportlichen Beanspruchungen, die hohe Beweglichkeit verlangen (z. B. das Turnen). Auch im Alltagsleben profitieren wir von beweglichen Gelenken.

- Dehnen erhöht den Dehnungswiderstand der Muskulatur. Der Muskel kann plötzlich auftretenden Zugbelastungen besser standhalten. Die Unfallgefahr kann gesenkt werden. Die Dehnungsfähigkeit der Muskulatur wird begrenzt durch die Dehnungswiderstände muskulärer Strukturen und durch den Tonus bzw. die Entspannungsfähigkeit der Muskeln. Muskeltonus ist eine immer vorhandene Grundspannung der Muskulatur.

- Dehnen kann einseitige Belastungen im Sport oder einseitige Haltung im Alltag ausgleichen. So kann die Dehnung der Hüftbeugemuskulatur bei Menschen, die sehr viel sitzen, vermeiden, dass die Muskulatur ihre natürliche physiologische Länge und Funktion verliert. Die Hüftbeugemuskulatur gehört nämlich zu den Muskeln, die zur Verkürzung neigen, bedingt durch langes Sitzen. Für Kinder, die viel in der Schule sitzen, sind diese Übungen ein Muss.

Bei unseren Dehnungsübungen, aber auch bei allen anderen Übungen der Kopfgymnastik spielt die richtige Atmung eine sehr große Rolle. Normalerweise läuft sie unbewusst ab. Es lohnt sich aber, mehr auf die Atmung zu achten. Denn richtiges, bewusstes Atmen sorgt für eine optimale Sauerstoffversorgung und trägt zu Wohlbefinden, Entspannung und Gesundheit bei. Beim tiefen Einatmen ziehen sich Brustmuskulatur und Zwerchfell zusammen, die Lunge dehnt sich aus und Luft strömt ein. Stress, aber auch andere Faktoren, wie Übergewicht, verhindern bei vielen Menschen tiefes und entspanntes Atmen. Viele Menschen tendieren dazu, bei körperlicher oder geistiger Arbeit die Luft anzuhalten, was ein Teil des Sehnenkontrollreflexes ist (siehe „Die Wadenpumpe", S. 54 f).

Uns bleibt vor Schreck der Atem weg, uns wird die Stimme brüchig, wir finden etwas „atemberaubend" schön. Alle drei Redewendungen verdeutlichen, wie intensiv sich Gefühle in der Atmung widerspiegeln. Andersherum können wir die Atmung auch nutzen, um uns unserer Bedürfnisse oder Gefühle besser bewusst zu werden. Wenn wir bewusst und in Ruhe atmen, können wir quasi in uns „hineinhorchen". Mit der Zeit werden wir insgesamt empfindsamer dafür, wie es uns geht, was wir brauchen und wo wir verspannt sind. Die Atmung hilft auch dabei, seelische Blockaden wieder freizusetzen. Dies ist schon seit Jahrhunderten bekannt. Bei Yoga-Übungen und alten chinesischen Meditationstechniken spielt die Atmung eine zentrale Rolle.

Übung 3.1: „Die Eule"

Warum?

„Die Eule" ist auf die Fertigkeiten des Sehens, des Hörens und Kopfdrehens ausgerichtet. Sie löst Spannungen in Nacken und Schultern, die unter Stress auftreten können. Verspannungen treten häufig beim Halten von schweren Büchern oder dem Tragen von Schultaschen auf. „Die Eule" dehnt die Muskeln und erweitert damit auch deren Bewegungsspielraum. Wir verbessern unsere Aufmerksamkeit, Konzentration und Merkfähigkeit.

So geht's

Wir legen unsere rechte Hand auf die gegenüberliegende linke Schulter und drücken die Muskeln dort leicht zusammen. Wir atmen ruhig ein. Nun drehen wir den Kopf langsam zur linken Schulter und blicken über die Schulter nach hinten hinweg. Dabei atmen wir aus und sagen einmal wie die Eule in der Nacht: „Schu-hu". Nun drehen wir den Kopf langsam auf die gegenüberliegende Seite, atmen ein und wiederholen unser „Schu-hu". Der Kopf wandert nun nach vorn in die Mitte. Wir senken ihn leise, ohne ein Wort. Das Kinn liegt fast auf der Brust. Wir atmen tief ein und aus und entspannen uns dabei.
„Die Eule" wird auf jeder Seite 3-mal wiederholt.

Info an die Kinder

„Die Eule“ löst Verspannungen im Nu, die durch langes Sitzen und Lesen verursacht wurden. Zwischendurch im Unterricht macht euch diese Übung immer wieder fit für den Tag.

Tipps:

Das „Schu-hu“ macht den Kindern sehr viel Spaß. Die Übung sollte in Ruhe und langsamem Tempo durchgeführt werden. Voreilige Kinder sollten ein wenig gebremst werden. Der Blick nach hinten ist für die Dehnung der Halsmuskulatur sehr wichtig. Die Kinder sollten immer wieder zur richtigen Ausführung der Übung angehalten werden. Ruckartige Bewegungen sind für die Muskulatur ungünstig.

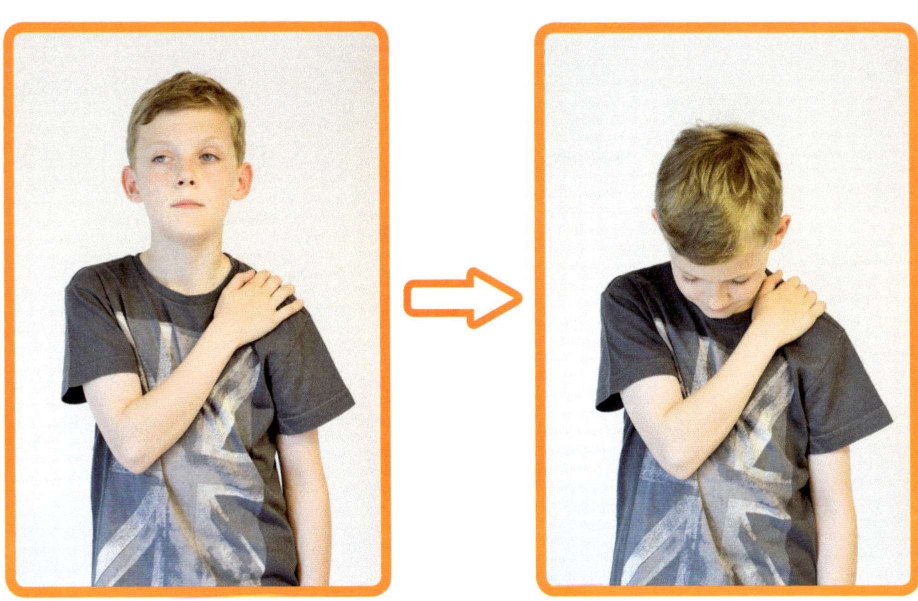

Übung 3.2: „Die Wadenpumpe"

Warum?

Durch die „Wadenpumpe" dehnen wir unsere so oft verkürzten Wadenmuskeln. Der Sehnenkontrollreflex hat früher dazu gedient, möglichst schnell vor einer Bedrohung zu fliehen. Heute brauchen wir diesen Reflex nicht mehr, aber trotzdem wird er aktiv. An unserer Körperhaltung können wir diesen Reflex immer noch beobachten: Bei drohender Gefahr (Prüfung, Ermahnung ...) werden die Knie durchgedrückt, die Schultern hochgezogen und der Atem angehalten. Diese Unbeweglichkeit der Wirbelsäule führt dazu, dass das Fließen der Rückenmarksflüssigkeit zum Gehirn eingeschränkt wird. Dadurch wird das Gehirn blockiert und wir können keine gute geistige Leistung erbringen. Unser Körper ist dann auf das „Überleben" programmiert. Ein Lockern des Sehnenkontrollreflexes führt zur Entspannung des vegetativen Nervensystems, was auch zu einer Beruhigung der Geistes- und der Gemütslage führt.

Die „Wadenpumpe" verbessert Hör- und Leseverstehen, erweitert die Aufmerksamkeitsspanne, baut Stress und Müdigkeit ab und verbessert den Sprachfluss.

So geht's

Wir stützen uns an einer Wand, einem Tisch oder einem Stuhl ab. Nun strecken wir ein Bein nach hinten. Das vordere Bein ist leicht angewinkelt – das gebeugte Knie sollte den Fuß aber nicht überdecken. Das ausgestreckte Bein und der Rücken bilden eine Linie. Wir drücken beim Ausatmen die Ferse des hinteren Beines nach unten in Richtung Boden. Beim Einatmen heben wir die Ferse wieder leicht vom Boden ab. Je weiter die Beine auseinanderstehen, desto mehr spüren wir die Dehnung in der Wade. Wir führen die Übung jeweils eine Minute lang mit jeder Seite aus.

Info an die Kinder

Durch die „Wadenpumpe" können wir unseren Spaß am Lernen erhöhen und uns auf bevorstehende sportliche Bewegungen vorbereiten.

Tipps:

Das Halten und Wahrnehmen der Spannung darf nie schmerzhaft sein. Der Wadenmuskel sollte auch nicht zittern oder zu krampfen beginnen. Ermuntern Sie die Kinder, während der Spannungsphase bewusst den Muskel zu spüren.

Übung 3.3: „Der stumme Diener"

Warum?

Der „stumme Diener" fördert die Entspannung und Elastizität des Körpers, außerdem die Balance und Koordinationsfähigkeit. Sowohl langes Sitzen als auch Stress verursachen Verspannungen im Beckenbereich. Mit dieser Dehnungsübung können wir diesen Bereich entspannen und er wird besser durchblutet. Durch die Entspannung in der Übung erreichen wir ein besseres Gleichgewichtsgefühl.

So gehts?

Wir kreuzen im einfachen Stand das rechte über das linke Bein. Die Füße stehen dabei nebeneinander und die Fußknöchel berühren sich. In dieser Position wollen wir erst einmal ruhig das Gleichgewicht herstellen. Wir atmen tief ein und strecken unsere Arme über den Kopf in die Höhe. Beim Ausatmen beugen wir uns nach vorn und lassen die Arme locker fließend nach unten gleiten. Wir pendeln mit den Armen leicht etwas hin und her und achten darauf, dass wir das Gleichgewicht behalten. Anschließend richten wir uns wieder rückenschonend langsam auf – Wirbel für Wirbel kommen wir langsam wieder nach oben.

Der Kopf bleibt bis zum Schluss nach vorn geneigt und wird erst in der Schlussposition wieder aufgerichtet. Diese Übung wiederholen wir 3-mal. Nun überkreuzen wir das linke über das rechte Bein und wiederholen dieses auch 3-mal.

Info an die Kinder

Nach einem langen, anstrengenden Schultag mit wenig Bewegung oder aber nach einer langen Autofahrt (z. B. in den Urlaub) tut euch „der stumme Diener" besonders gut. Vor aktiver Bewegung (Fußballtraining oder anderen Sportkursen) bereitet es eure Muskulatur vor.

Tipps

Gern können die Kinder am Anfang bei dieser Übung im Hüftbereich etwas festgehalten werden. Kinder mit starken Gleichgewichtsproblemen dürfen ihre Beine/Füße normal nebeneinanderstellen. Bitte immer auf das rückenschonende Aufrichten der Wirbelsäule achten. Der Kopf richtet sich erst ganz zum Schluss wieder auf.

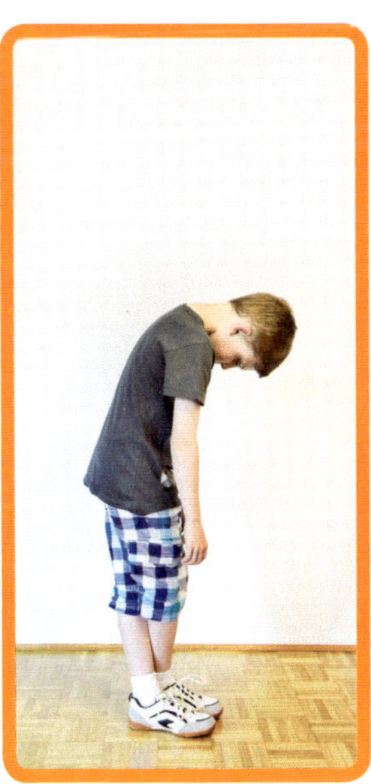

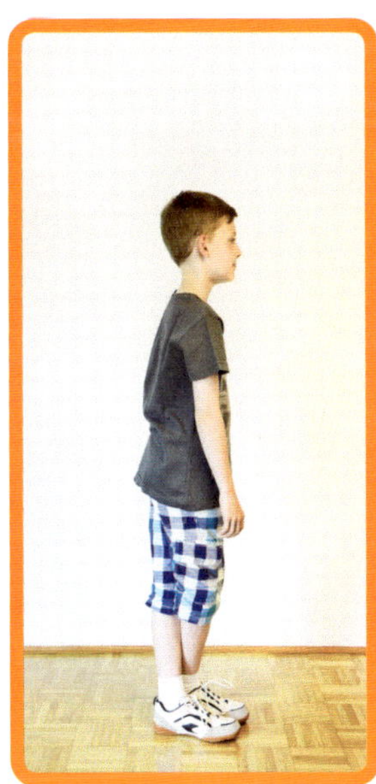

Kapitel 3

Anleitung zum Erstellen eines Übungsprogramms

Anleitung zum Übungsprogramm

Im folgenden Kapitel stelle ich Ihnen ein fertiges Übungsprogramm vor, mit dem Sie mit Ihren Schülern arbeiten können. Dieses Programm beginnt mit einer intensiven Einführungswoche und erstreckt sich dann über die Dauer von mindestens drei bis vier Monaten.

15 Minuten gut investierte Zeit für Ihre Kinder

Bitte lassen Sie keinen Tag aus. Mit jeder weiteren Woche wird der Zeitaufwand geringer. Die Übungsabfolge über acht Übungen bedarf bei täglichem Training nur noch ca. zehn bis 15 Minuten.

Die genaue Ausübung der Kopfgymnastik entwickelt sich schrittweise über einen längeren Zeitraum (ca. drei bis vier Monate). Alle Bewegungen sind so angelegt, dass diese jederzeit bequem und ohne viel Aufwand in den Unterricht oder zu Hause eingebunden und ausgeführt werden können. Es ist auch keine besondere Sportbekleidung nötig.

Der Fragebogen zur Selbsteinschätzung und Feststellung der Konzentration

Konzentrationsprobleme haben einen Grund. Der Fragebogen zur Selbsteinschätzung und Feststellung der Konzentrationsfähigkeit (S. 63–65) hilft bei der Klärung von Ursachen. Er ist in seiner Form ein Kontrolltest. Er wurde mit erfahrenen Grundschulpädagogen entwickelt und erprobt.

Der Fragebogen beinhaltet Fragen zur Konzentrationsfähigkeit bei Hausaufgaben, im Unterricht und bei Klassenarbeiten. Er dient der gezielten Beobachtung von Stärken und Schwächen, die dann ein genaueres Bild von den zuerst etwas weitläufigen Konzentrationsproblemen geben. Die Fragen verschaffen Klarheit über das Ausmaß der Ablenkbarkeit von Kindern.

Wie empfinden Kinder selbst ihre Konzentrationsprobleme?

Kinder, die schon selbstständig lesen können, füllen zu Beginn der Einführungswoche den Fragebogen aus. Er dient in erster Linie der Feststellung: Wann, wo und wie stark lassen sich Kinder ablenken, sind unaufmerksam und können sich schlecht konzentrieren? Zeigen Sie Vorschulkindern und Erstklässlern, wie wichtig es ist, sich nicht ablenken zu lassen. Dazu gibt es zahlreiche Beispiele: „Konzentrationsräuber" sind zu Hause z. B. Geschwisterkinder, ein unordentlicher Schreibtisch, Musik bei den Hausaufgaben oder Telefongespräche, die einen unterbrechen. In der Schule sind es eher Gedanken an die Freizeit am Nachmittag oder unbedingt mitbekommen zu wollen, was die Schulfreunde erzählen.

Dieser Test wird nach ca. drei bis vier Monaten nochmals durchgeführt. Nach intensiver und regelmäßiger Durchführung der Übungen der Kopfgymnastik, können Sie und auch Ihre Kinder mit der zweiten Abfrage durch den gleichen Fragebogen selbstständig feststellen, welche positiven Wirkungen sich eingestellt haben.

Durchführung im Klassenverband

Bei der Durchführung des Tests im Klassenverband ist es wichtig, dass die Kinder vorab ein Symbol auf den 1. Fragebogen zeichnen. Dieses Symbol dient der Anonymität der Kinder. Jedes Kind notiert sich sein Symbol in das eigene Hausaufgabenheft. So kann das Symbol nach ca. drei bis vier Monaten wieder für den 2. Testdurchlauf genutzt werden. Die Symbole der Tests 1 und 2 werden zueinander sortiert und ausgewertet. Bei der Testauswertung spielt das Empfinden des einzelnen Kindes eine bedeutende Rolle. Lehrer, Erzieher oder Eltern werden das positive Ergebnis nicht sofort an besseren Noten feststellen, aber die Kinder selbst fühlen sich schon nach kurzer Zeit konzentrierter. Natürlich kann der Test auch ganz offiziell mit den Schülernamen ohne Symbole durchgeführt werden. Ich empfehle, zuvor die Eltern über diesen Test zu informieren.

Der Fragebogen zur Kopfgymnastik kann sowohl von Eltern mit einzelnen Kindern als auch im Klassenverband ab der 2. Klasse durchgeführt werden.

Fragebogen zur Konzentration

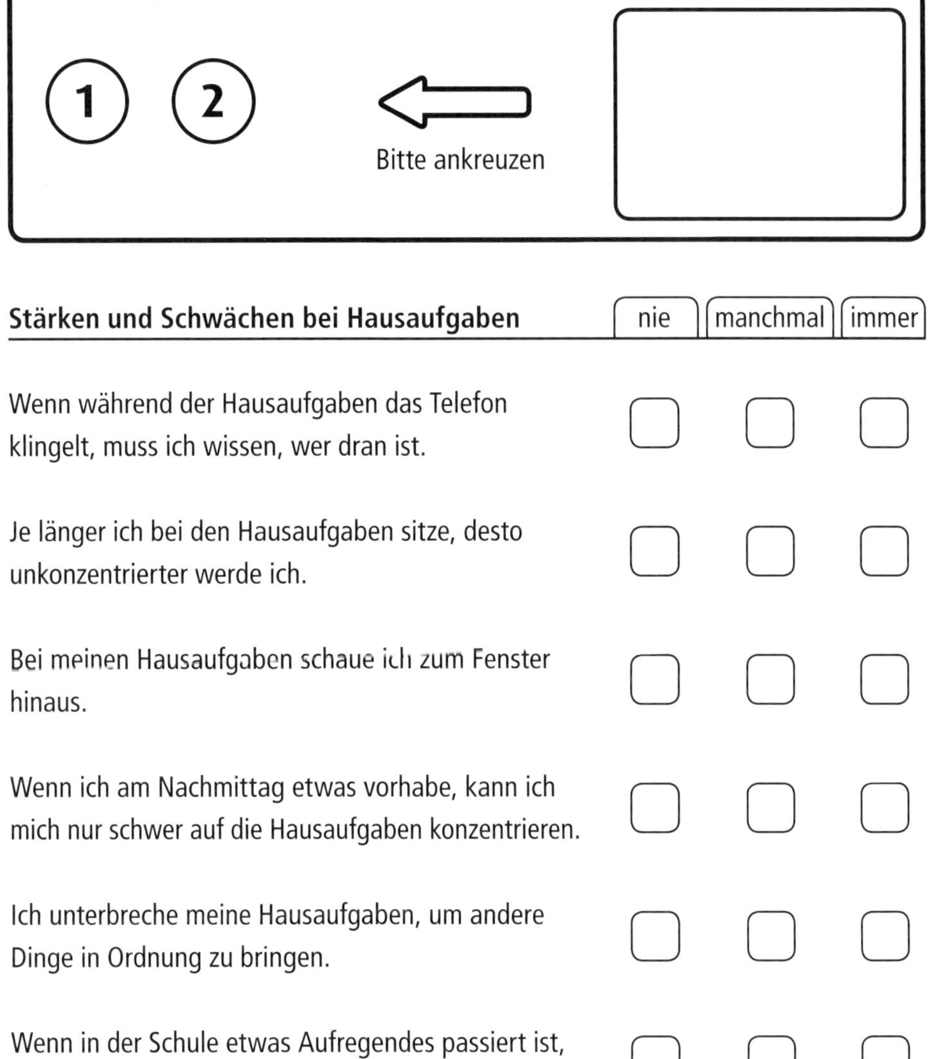

Abfrage Nr.

1 2

Bitte ankreuzen

Dein Symbol:

Stärken und Schwächen bei Hausaufgaben	nie	manchmal	immer
Wenn während der Hausaufgaben das Telefon klingelt, muss ich wissen, wer dran ist.	☐	☐	☐
Je länger ich bei den Hausaufgaben sitze, desto unkonzentrierter werde ich.	☐	☐	☐
Bei meinen Hausaufgaben schaue ich zum Fenster hinaus.	☐	☐	☐
Wenn ich am Nachmittag etwas vorhabe, kann ich mich nur schwer auf die Hausaufgaben konzentrieren.	☐	☐	☐
Ich unterbreche meine Hausaufgaben, um andere Dinge in Ordnung zu bringen.	☐	☐	☐
Wenn in der Schule etwas Aufregendes passiert ist, muss ich während der Hausaufgaben daran denken.	☐	☐	☐
Wenn ich Hausaufgaben mache, rufe ich bei anderen an, weil ich nicht sicher bin, was ich noch machen muss.	☐	☐	☐

ISBN 978-3-8346-2613-4 | www.verlagruhr.de

Stärken und Schwächen im Unterricht	nie	manchmal	immer
Weil ich das Meiste schon weiß, kann ich mich im Unterricht nicht so gut konzentrieren.	☐	☐	☐
Lärm auf dem Schulhof oder vor dem Klassenzimmer stört mich bei der Arbeit und beim Aufpassen.	☐	☐	☐
Es lenkt mich ab, wenn meine Nachbarn mit anderen reden.	☐	☐	☐
Wenn ich mir für nachmittags etwas vorgenommen habe, kann ich mich schlecht auf den Unterricht konzentrieren.	☐	☐	☐
Wenn zu Hause etwas Aufregendes passiert ist, muss ich im Unterricht daran denken.	☐	☐	☐
Ich unterhalte mich mit anderen privat, wenn ich die Aufgabe nicht verstanden habe.	☐	☐	☐
Ich male lieber im Unterricht oder blättere im Buch oder im Heft, weil es langweilig und uninteressant ist.	☐	☐	☐

ISBN 978-3-8346-2613-4 | www.verlagruhr.de

Stärken und Schwächen bei Klassenarbeiten	nie	manchmal	immer
Wenn das Aufgabenblatt ausgeteilt wird, ist alles wie weggepustet, was ich gelernt habe.	☐	☐	☐
Wenn ich leichte Aufgaben habe, mache ich besonders viele Flüchtigkeitsfehler.	☐	☐	☐
Bei Arbeiten stört es mich, wenn mein Nachbar von mir abschreiben will und auf mich einredet.	☐	☐	☐
Wenn der Lehrer durch die Klasse geht, stört mich das.	☐	☐	☐
Bei Arbeiten sehe ich genau, wenn andere voneinander abschreiben.	☐	☐	☐
Wenn es draußen laut ist, kann ich nicht konzentriert arbeiten.	☐	☐	☐
Je länger ich an der Klassenarbeit schreibe, desto unkonzentrierter werde ich.	☐	☐	☐
Wenn der Lehrer während der Arbeit etwas ansagt, dann ist es mit meiner Konzentration vorbei.	☐	☐	☐
Ich muss wissen, was mein Nachbar geschrieben hat.	☐	☐	☐
Während der Arbeit muss ich daran denken, welche Zensur ich bekommen werde.	☐	☐	☐
Wenn ich einen Fehler entdecke, werde ich nervös.	☐	☐	☐
Wenn ein Mitschüler die Arbeit früh abgibt, macht mich das nervös.	☐	☐	☐

ISBN 978-3-8346-2613-4 | www.verlagruhr.de

Auswertung einer 2. und 3. Grundschulklasse aus dem Jahr 2009

Zwei Schulklassen haben zu Beginn des Übungsprogramms den Fragetest erstmalig durchgeführt (im Diagramm blau dargestellt) und die Übungen der Kopfgymnastik über vier Monate dauerhaft und intensiv ausgeführt. Nach diesen vier Monaten wurde die zweite Umfrage (im Diagramm rot dargestellt) durchgeführt. Die Auswertung hat bei beiden Klassen in der Selbsteinschätzung der Kinder positive Veränderung ergeben. Ein großer Teil der Kinder, die sich nach eigener Aussage „immer" ablenken ließen, hat sich nach „manchmal" oder „nie" verlagert.

Das Diagramm zeigt die Veränderung des persönlichen Empfindens der Kinder vor und nach dem Training zur „Kopfgymnastik".

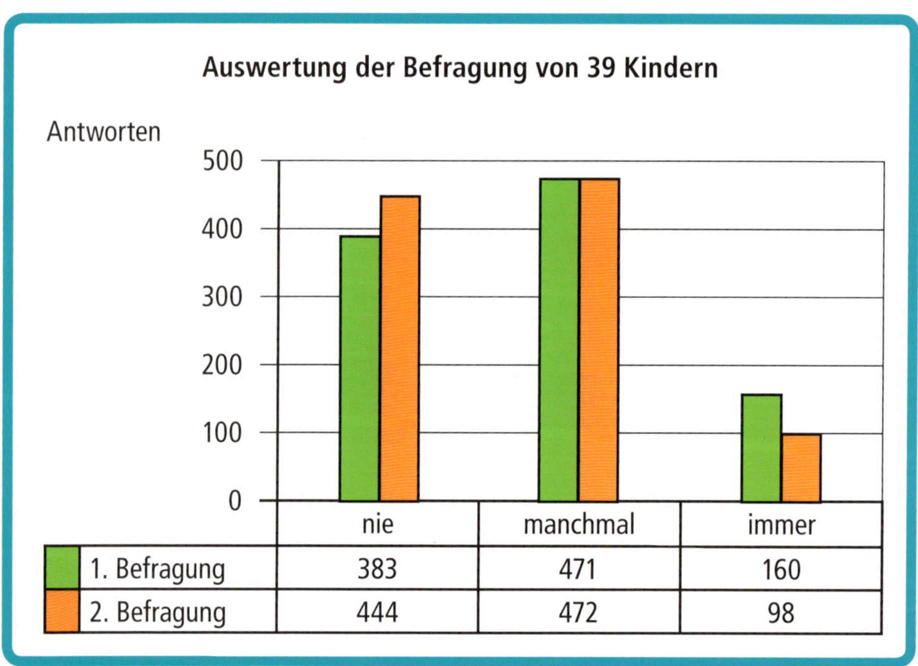

	nie	manchmal	immer
1. Befragung	383	471	160
2. Befragung	444	472	98

Kindergedanken

Beim Ausfüllen des 2. Fragebogens nach drei bis vier Monaten bietet es sich auch an, die Kinder ein persönliches Feedback schreiben oder malen zu lassen.

Sie können dies durch folgende Fragen anleiten:

- Was hat dir gefallen?
- Was hat sich für dich verändert?

3

Anleitungen zum Erstellen eines Übungsprogramms

Es war toll !!

Das Übungsprogramm

Diese Materialien werden für die Übungen der Kopfgymnastik benötigt:

- Fragebogen zur Selbsteinschätzung und Feststellung der Konzentrationsfähigkeit (S. 63–65)
- eine große „liegende Acht" mit Kreide an eine Tafel gezeichnet (oder für zu Hause auf ein großes Blatt Papier)
- Sanduhr oder Stoppuhr zur Zeiterfassung von einer halben/einer Minute
- Trinkwasser und Becher

In der Einführungswoche lernen die Kinder bzw. Schüler eine kleine Übungsabfolge (siehe unten) aus den drei Teilbereichen der Kopfgymnastik kennen.
Die Übungsabfolge beinhaltet Kopfgymnastik-Übungen, die der Aufmerksamkeit, Merkfähigkeit, Konzentrationssteigerung, Koordination des Körpers, Stressbewältigung und Entspannung dienen. Möchten Sie gezielt mehr auf die Koordination eingehen, tauschen Sie zu Beginn des Trainings Übungen aus, die Sie bevorzugt einsetzen möchten. Im Anhang finden Sie dafür die Tabelle „Welche Übung für welche Förderbereiche?" (S. 73), mit deren Hilfe Sie das für Ihre Schüler ideale Trainingsprogramm zusammenstellen können. Die Struktur der Übungsabfolge sollte jedoch beibehalten werden. Bleiben Sie bei ca. acht Übungen. Die Ausführung der einzelnen Übungen können Sie den einzelnen Übungsbeschreibungen auf den vorherigen Seiten entnehmen.

Die 8 Übungen:

- 1. Das Wassertrinken — S. 28
- 2. Die Überkreuzbewegungen — S. 39 f
- 3. Die Denkmütze — S. 29
- 4. Die Augen-Acht — S. 43
- 5. Die Acht einhaken — S. 35 f
- 6. Die Nackenrolle — S. 48
- 7. Die Eule — S. 52 f
- 8. Der stumme Diener — S. 56 f

3

Anleitungen zum Erstellen eines Übungsprogramms

Diese Übungsabfolge sollte in den folgenden Wochen und Monaten immer nach dem gleichen Schema erfolgen. Ein Austausch von einzelnen Übungen sollte erst nach der ersten Trainingszeit (ca. drei bis vier Monate) und nach exakter Ausführung der einzelnen Übungen erfolgen.

Wichtig ist es, den Kindern zu vermitteln, dass die Übungen nur etwas bringen, wenn sie genau und fortdauernd geübt werden. Gehen Sie mit diesen Übungen alltäglich um. Erzieher und Lehrer sollten Eltern motivieren, auch zu Hause mit den Kindern diese Übungen fortzuführen.

Die Übungen der Kopfgymnastik können auch in der Schule oder im Kindergarten als Hausaufgabe in Form von „Mitmach-Übungen für Zuhause" aufgegeben werden.

Motivation durch Bonuspunkte

Motivieren Sie Ihre Kinder z. B. mit einem Bonuspunkteplan. Pro erfolgreich ausgeführter Übungsabfolge (Übungen 1–8) bekommt das Kind einen Bonuspunkt. Bei 10, 20, 40 … Punkten können diese in kleine Geschenke eingetauscht werden. Auch weniger materielle Überraschungen sind bei Kindern sehr willkommen, z. B. eine Entspannungsgeschichte oder Massagegeschichte, eine extra Spielstunde, Hausaufgabenfrei usw. Die Schüler werden dadurch viel motivierter sein.

Jedes Kind spricht unterschiedlich auf die Übungen der Kopfgymnastik an.
Bei vielen Kindern tritt die Wirkung stufenweise ein. Es gibt Kinder, die umgehend Erfolge zeigen, aber auch Kinder, bei denen die Kopfgymnastik (nach dem oben genannten Übungszeitraum) so gut wie keine Auswirkung zeigt.
Um Erfolge zu erzielen, halten Sie bitte konsequent die Trainingszeiten und Einheiten ein.

Die Einführungswoche

Zu Beginn werden die Kinder einiges über die Methoden erfahren wollen und müssen die Übungen auch zuerst nach und nach erlernen.

Besprechen Sie dazu mit Ihren Kindern die folgenden Fragen:

- Was ist Konzentration überhaupt?
- Wie funktioniert mein Gehirn?
- Warum ist Wassertrinken wichtig für mich?
- Was raubt mir die Konzentration?
- Warum helfen mir diese Übungen?

Reichhaltige Informationen erfahren Sie dazu in den Kapiteln 1–3. Nehmen Sie sich in dieser Woche täglich ca. eine halbe bis eine Stunde Zeit für die Übungen und die Erklärungen. Ab dem 5. Tag wird das ganze Übungsprogramm (acht Übungen) komplett durchgeführt.

„Das Wassertrinken" ist eine Übung, die von Anfang an möglichst immer als erste Übung durchgeführt werden sollte. Informationen hierzu erhalten Sie auf S. 28. Bei Schulkindern ab der 2. Klasse lassen Sie bitte zuerst den Fragebogen zur Konzentration (S. 63–65) von den Kindern selbstständig erarbeiten. Nach drei bis vier Monaten kontinuierlicher Durchführung der Übungen kann die zweite Abfrage mit dem Fragebogen zur Konzentration erfolgen und anhand der Auswertung der Fortschritt abgelesen werden.

Auf der nächsten Seite (S. 72) finden Sie den Übersichtsplan, auf dem eine Empfehlung für die Abfolge der Übungen gegeben ist.

Übersichtsplan

Der 1. Tag:

- 1. Das Wassertrinken (S. 28)
- 2. Die Überkreuzbewegungen (S. 39 f)

Der 2. Tag:

- 1. Das Wassertrinken (S. 28)
- 3. Die Denkmütze (S. 29)
- 4. Die Augen-Acht (S. 43)

Der 3. Tag:

- 1. Das Wassertrinken (S. 28)
- 5. Die Acht einhaken (S. 35 f)
- 6. Die Nackenrolle (S. 48)

Der 4. Tag:

- 1. Das Wassertrinken (S. 28)
- 7. Die Eule (S. 52 f)
- 8. Der stumme Diener (S. 56 f)

Ab dem 5. Tag:

- 1. Das Wassertrinken (S. 28)
- 2. Die Überkreuzbewegungen (S. 39 f)
- 3. Die Denkmütze (S. 29)
- 4. Die Augen-Acht (S. 43)
- 5. Die Acht einhaken (S. 35 f)
- 6. Die Nackenrolle (S. 48)
- 7. Die Eule (S. 52 f)
- 8. Der stumme Diener (S. 56 f)

Welche Übung für welche Förderbereiche?

Kurzübersicht

Für Lesefertigkeit und Leseverständnis:
Die Aufweckpunkte (S. 30), Die Überkreuzbewegungen (S. 39f), Die liegende Acht (S. 41 f), Die Augen-Acht (S. 43), Der Elefant (S. 44f), Die Nackenrolle (S. 48), Die Wadenpumpe (S. 54f)

Für Rechtschreibung und Mathematik:
Das Wassertrinken (S. 28), Die Denkmütze (S. 29), Die Aufweckpunkte (S. 30), Der Elefant (S. 44f), Die Entspannungspunkte (S. 31 f), An ein X denken (S. 49), Die Eule (S. 52f)

Für Schreibfertigkeit, kreatives Schreiben:
Das Wassertrinken (S. 28), Simultanzeichnen (S. 46f), Die Überkreuzbewegungen (S. 39f), Die liegende Acht auf Papier zeichnen (S. 41 f), Die Augen-Acht (S. 43), An ein X denken (S. 49)

Für zu Hause (selbstständiges, kreatives Lernen):
Die Überkreuzbewegungen (S. 39f), Die Entspannungspunkte (S. 31 f), Das Kraftgähnen (S. 33), Die liegende Acht (S. 41), Simultanzeichnen (S. 46f), Die Nackenrolle (S. 48), An ein X denken (S. 49), Die Wadenpumpe (S. 54f)

Vor Prüfungen:
Das Wassertrinken (S. 28), Die Denkmütze (S. 29), Die Entspannungspunkte (S. 31 f), Das Kraftgähnen (S. 33), Die Acht einhaken (S. 35f), Die Überkreuzbewegungen (S. 39f), Die liegende Acht (S. 41 f), Die Nackenrolle (S. 48), An ein X denken (S. 49), Die Eule (S. 52f), Die Wadenpumpe (S. 54f)

Für mehr Körperbeherrschung bei Sport und Spiel:
Die Überkreuzbewegungen (S. 39f), Der Elefant (S. 44f), An ein X denken (S. 49), Die Denkmütze (S. 29), Die Entspannungspunkte (S. 31 f), Die Acht einhaken (S. 35f), Die Eule (S. 52f), Der stumme Diener (S. 56f)

Für Wohlfühlen und Selbstvertrauen:
Die Entspannungspunkte (S. 31 f), Die Acht einhaken (S. 35f), Die Denkmütze (S. 29), Der Stampfer (S. 34), Der Elefant (S. 44f), Die Wadenpumpe (S. 54f), Der stumme Diener (S. 56f)

… und nach der Kopfgymnastik?

… gönnen Sie den Kindern und sich selbst auch einmal eine Zeit der Entspannung!

- Viele einfache Anregungen zum Entspannen finden Sie im Kapitel 4: „Zusätzliche kopfgymnastische Angebote" (ab S. 75).

Kapitel 4

Zusätzliche kopfgymnastische Angebote

Um das Üben noch abwechslungsreicher zu gestalten, finden Sie auf den nachfolgenden Seiten zusätzliche Spiele und Übungen zur „liegenden Acht", die auch für den Sportunterricht genutzt werden können.

Die „liegende Acht" kann vielseitig und somit auch sehr flexibel eingesetzt werden. Sie ermöglicht ein vielschichtiges und zudem auch umfassendes Training. Während die „liegende Acht" in erster Linie aus der Konzentrationsförderung bekannt ist, wissen nur die wenigsten, dass sie auch in anderen Bereichen Anwendung findet. So dient dieses Lehrmaterial vor allem der Ausbildung der Handmotorik. Gleichwohl kann mit der „liegenden Acht" in unterschiedlichsten Schwierigkeitsgraden gearbeitet werden.

Die „liegende Acht" ist außerdem das Symbol für die Unendlichkeit. Was stellen wir uns unter dem Wort „unendlich" vor? Das Unendliche ist grenzenlos, im Sinne des Wortes nicht-endend. Es ist der direkten menschlichen Erfahrung unzugänglich und am ehesten mit dem Begriff der „unbegrenzten Weite" zu verbinden. Die Unendlichkeit ist das Gegenteil von „Endlichkeit". Endlichkeit ist die Zeit bis zum Ende eines jeden Lebens, das Überblickbare, das Fassbare, die Endlichkeit jeden Gefühls.

Ein Seil, welches „bis in den Himmel reicht", ist unendlich lang. Aber ein Seil, das zwei Objekte in überschaubarer Entfernung miteinander verbindet, ist endlich lang.

Spiele zum Begreifen der „liegenden Acht"

Zur Einführung der „liegenden Acht" hilft eine kleine Einleitung, wie z. B.:
„Unsere Lieblingszahl in der Kopfgymnastik ist die Acht. Mit unserer Acht kann man sogar Sport machen. Malt nun einmal eure Acht in die Luft. Oh je, nun ist die Acht ganz müde geworden und legt sich hin. Jetzt haben wir auf einmal eine „liegende Acht" und versuchen, auch diese in die Luft zu zeichnen."

Bewegungsspiele – Teil 1

Mit einem langen Seil (ca. 8–12 m) legen wir eine große „liegende Acht" in die Mitte des Raums auf den Boden. Die „liegende Acht" kann auch mit Malerkrepp auf den Boden geklebt werden.

Bei dieser Balancier-Übung werden wir uns nur auf der „liegenden Acht" bewegen. Auf unsere Füße ist stets Verlass – tagtäglich tragen Sie uns durch den Alltag und letztendlich durch unser ganzes Leben. Das Gehen ist selbstverständlich und doch kann man es neu entdecken – langsam und bewusst. Wie fühlt sich die Bewegung an? Sanftes, fast schwereloses Aufsetzen der Ferse, Abrollen über die Außenseite, Gewichtsverlagerung auf den großen Ballen und ein wohldosiertes Abdrücken der Zehen bei der Übergabe des Körpergewichts an den anderen Fuß.

Befreien wir uns erst einmal von unseren Fußfesseln – Schuhe und Socken ziehen wir aus.

Alle Kinder balancieren nun gemeinsam auf dem Seil.
Achtung: Die Kinder dürfen sich im X der „liegenden Acht" nicht treffen. Wir vermeiden jeglichen Körperkontakt unter den Kindern. Jedes Kind konzentriert sich auf sich selbst.

- Seil entlangbalancieren, rechten Arm kreisen, linken Arm kreisen, beide Arme kreisen
- Seil entlangbalancieren mit verschiedenen Geschwindigkeiten
- Seil seitwärts balancieren und dabei versuchen, die Beine zu überkreuzen
- Seil rückwärts balancieren
- Seil entlangbalancieren mit Säckchen auf dem rechten Handrücken
- Seil seitwärts balancieren und dabei versuchen, die Beine zu überkreuzen
- Seil rückwärts balancieren
- Seil entlangbalancieren mit Säckchen auf dem linken Handrücken
- Seil entlangbalancieren mit Säckchen auf dem Kopf
- Seil entlangbalancieren und einen kleinen Ball rechts hochwerfen und fangen
- Seil entlangbalancieren und einen kleinen Ball links hochwerfen und fangen
- Seil rückwärts balancieren und einen kleinen Ball um den Körper in Höhe der Hüfte kreisen lassen

Wenn noch etwas Zeit ist, lassen wir die Kinder auf dem Boden das Seil entlangkrabbeln (Förderung von Überkreuzbewegungen). Bei einer Paarübung kann ein Kind die Augen schließen und den Weg mit den Füßen erfühlen (der Partner passt auf!).

Bewegungsspiele – Teil 2

Die Kinder einer Bewegungsgruppe oder Klasse bilden Paare durch einfaches abzählen: 1, 2, 1, 2 …
Jedes Kind bekommt ein Springseil. Jedes Paar legt mit jeweils zwei aneinandergeknoteten Seilen eine „liegende Acht" auf den Boden. Die Kinder bekommen nun die unten genannten Bewegungsanleitungen, die sie als Paar gemeinsam auf der „liegenden Acht" ausführen:

- Seil entlangbalancieren mit Säckchen oder Bierdeckel auf dem rechten Handrücken, auf dem Kopf oder auf dem rechten Ellenbogen
- Seil seitwärts balancieren und dabei versuchen, die Beine zu überkreuzen
- Seil rückwärts balancieren
- Seil entlangbalancieren und einen kleinen Ball rechts hochwerfen und fangen
- Seil entlangbalancieren und einen kleinen Ball links hochwerfen und fangen
- Seil rückwärts balancieren und einen kleinen Ball um den Körper in Höhe der Hüfte kreisen lassen

Wenn noch Zeit ist, können die Kinder mit geschlossenen Augen den Weg blind erfühlen, indem sie auf dem Boden am Seil entlangkrabbeln. Ein Kind erfühlt blind das Seil und damit die „liegende Acht". Der Partner passt auf. Anschließend erfolgt ein Wechsel.

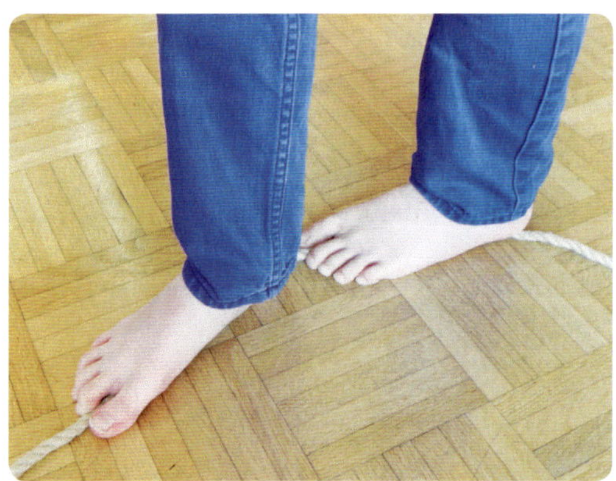

Die „liegende Acht" liegt uns zu Füßen

Eine Reise auf der „liegenden Acht" bietet unendlich viele Möglichkeiten im Spiel mit dem Gleichgewicht.
Wir benötigen dazu eine Rolle Malerkrepp, Stühle oder Kissen für jeden Teilnehmer, ein Tablett sowie Teller und Murmeln für jedes Kind zum Balancieren.
Die „liegende Acht" wird auf den Fußboden geklebt. Sie sollte der Gruppengröße entsprechend groß und weitläufig gestaltet werden.
Legen Sie vorab mit den Kindern verschiedene Fortbewegungsarten fest:

- vorwärts
- seitwärts/überkreuzen
- rückwärts
- hüpfen
- auf Zehen gehen
- auf den Fersen laufen

Alle Kinder sitzen um die „liegende Acht" herum. Wir werden nun eine kleine Reise über die „liegende Acht" unternehmen. Stehen Sie auf und gehen Sie eine Runde – den Fuß mit etwas Abstand vor den nächsten gesetzt, den Körper gerade, den Blick nach vorn gerichtet. Fordern Sie ein Kind nach dem anderen auf, mitzugehen.

Nach einer Runde, wenn Sie wieder an Ihrem Platz angekommen sind, setzen Sie sich hin.
Die Kinder folgen nach einer gewissen Zeit und nehmen ebenfalls wieder Platz, wenn sie an ihrem Stuhl/Sitzkissen angekommen sind. Ist diese erste Runde vorüber und alle Kinder sitzen wieder an ihrem Platz, darf ein Kind die nächste Runde beginnen. Das Kind darf nun auch die Art der Fortbewegung ändern. Alle Kinder, die nun aufgefordert werden, machen die Fortbewegungsart nach. Das Spiel kann so lange geübt werden, bis die Kinder den Spaß verlieren.

Der Gänsemarsch

Stellen wir uns nun eine kleine Gänsefamilie vor. Diese Gänsefamilie möchte einen Ausflug machen. Leider sind die kleinen Gänsekinder sehr wasserscheu. Sie möchten auf gar keinen Fall nasse Füße bekommen. So dürfen sie sich auch nur auf der Linie unserer „liegenden Acht" balancierend bewegen. Zeigen Sie die Übung zuerst eine Runde lang. Gehen Sie im „Gänsemarsch" (einen Fuß ohne Abstand genau vor den anderen) über die Linie. Die Arme sind dabei zur rechten und linken Seite weggestreckt. Nun fordern Sie ein Kind nach dem anderen auf, mit Ihnen zu gehen. Sind alle Gänsekinder aufgefordert, legen Sie die Handballen an die Hüfte, strecken die Finger nach außen (um die Flügel der Gänse zu simulieren) und balancieren weiter.

Haben alle Kinder auch diese Position eingenommen, legen Sie die Handflächen auf Ihren Kopf und setzen Ihren Weg fort. Nach dieser Runde und wenn Sie wieder auf Ihrem Platz angekommen sind, setzen sich alle Kinder nacheinander wieder auf ihren Platz. Das Spiel kann so lange durchgeführt werden, wie die Kinder Lust haben.

Das Kellner-Spiel

Ein „Kellner" balanciert ein Tablett mit bruchfestem Geschirr eine Runde lang über die „liegende Acht". Nach dieser Runde wird das Tablett an einen anderen Kellner übergeben. Kellner 1 geht seinen Weg nun weiter bis zu seinem Platz und setzt sich wieder hin. Kellner 2 geht mit dem Tablett eine Runde und übergibt dieses an einen weiteren Kellner. Dieser Kellner ohne Tablett geht nun auch seinen Weg über die „liegende Acht" bis zu seinem Platz und setzt sich hin. Das Tablett sollte von jedem Kellner einmal balanciert werden. Weitere Möglichkeiten sind:

- je Kellner einen Teller aus Plastik auf dem Kopf balancieren oder
- je Kellner einen Teller in der Hand und mit einer Murmel darauf balancieren.

Der mutige Maulwurf

Tragen Sie einen Reifen über die „liegende Acht". Halten Sie diesen Reifen mit beiden Händen fest und tragen ihn vor sich her. Fordern Sie ein Kind auf, in den Reifen zu kommen und sich führen zu lassen. Das Kind schließt die Augen, legt je einen Zeigefinger auf die Kante des Reifen und lässt sich blind über die „liegende Acht" führen. Diese „Blindenführung" sollte eine ganze Runde dauern. Jedes Kind wird einmal von seinem Platz abgeholt. Sichere Kinder können auch selbst als „Blinden führer" für andere Kinder dienen.

Eine Zugfahrt

Zwei „Zugführer" halten rechts und links zwei Gymnastikstäbe in den Händen. Der Zwischenraum ist das Zugabteil. Die Linie der „liegenden Acht" sind unsere Schienen. Die Kinder balancieren hintereinander langsam auf der Linie und bleiben vor einem weiteren Kind stehen, welches sie zu sich in das Zugabteil einladen. Nun balancieren alle drei Kinder mindestens eine Runde lang über die Schienen der „liegenden Acht". Die Zugfahrt dauer so lange, bis die Zugführer erneut vor einem Kind stehen bleiben. Die Kinder wechseln vorsichtig die Plätze. Eine „Tunnelfahrt mit verbundenen Augen" erhöht die Spannung für den Fahrgast. Die Stäbe bitte immer am Ende anfassen, sodass der Abstand groß genug ist. Jedes Kind sollte auf jeden Fall einmal Fahrgast sein. Das Spiel kann so lange geübt werden, bis die Kinder den Spaß verlieren.

Feuerkind

Balancieren Sie über die „liegende Acht" und tragen Sie dabei einen Reifen mit beiden Händen fest vor sich her (siehe auch „Der mutige Maulwurf", S. 81). Wir stellen uns nun vor, dass dieser Reifen ein Feuerreifen ist. Nur der Träger des Reifens darf diesen berühren. Ein mutiges Kind wird aufgefordert, in den Reifen zu kommen und sich führen zu lassen. Das Kind darf den Reifen weder mit den Händen noch mit dem Körper berühren. Der Reifenträger und das Feuerkind balancieren eine Runde die „liegende Acht" entlang. Jedes Kind kommt einmal an die Reihe. Das Spiel kann anschließend noch als Partnerspiel durchgeführt werden.

Elefantentrott

Spielen Sie zu dieser Übung gemütliche Musik ab: Alle Kinder sitzen auf ihren Plätzen um die „liegende Acht" herum. Jedes Kind bekommt ein Jongliertuch, welches es sich mit einem Zipfel in den Hosenbund am Rücken steckt. Ein Kind beginnt das Balancieren auf der „liegenden Acht" und fordert ein weiteres Kind auf, mitzugehen. Das zweite Kind fasst den „Elefantenschwanz" (Tuch) an und folgt dem ersten Kind, ohne dass das Tuch rausrutscht. Der „Elefantentrott" marschiert, bis alle Kinder in Bewegung sind. Zur Differenzierung der Übung darf der Elefantentrott sich mal rückwärts, seitwärts und auf den Zehenspitzen bewegen. Anschließend wird der Elefantentrott wieder aufgelöst. Nur das letzte Kind darf sich an seinen Platz setzen, wenn es diesen erreicht hat.

Anmerkung: Die Gruppe muss sich auf gleich bleibendes Tempo einstellen. Balancieren alle Kinder im gleichen Tempo und Rhythmus, gleicht die Kinderkette einer Elefantenparade. Eine weitere Variation gibt es, wenn Hindernisse (Tücher, Steine, Reifen) im Weg liegen.

Spaziergang in der Nacht

Dunkeln Sie den Raum ab. Schalten Sie eine Taschenlampe ein und gehen eine Runde lang auf der Linie der „liegenden Acht". Machen Sie die Kinder bitte darauf aufmerksam, dass kein Kind geblendet werden soll. Der Lichtkegel wird nur auf den Boden gerichtet.

Balancieren Sie und setzen dabei einen Fuß vor den anderen. Der Lichtstrahl sollte möglichst exakt die Linie treffen. Fordern Sie ein Kind auf, eine Runde mitzugehen, und übergeben Sie anschließend an dieses die Taschenlampe. Die Kinder holen sich nun gegenseitig von ihren Plätzen ab. Führen Sie dieses Spiel so lange durch, bis alle einmal dran waren.

 Die „liegende Acht" mit dem Fuß in die Luft zeichnen

Die Kinder stehen bei dieser Übung auf einem Bein. Zuerst können sie mit dem rechten Fuß einen Kreis im Uhrzeigersinn vor sich in die Luft malen (5-mal). Der Fuß ist nur leicht vom Boden entfernt. Die Kreise sollten gut sichtbar sein. Anschließend kann diese Bewegung nun auch 5-mal gegen den Uhrzeigersinn ausgeführt werden. Diese Übung wird nun auch mit dem linken Fuß durchgeführt.

Die nächste Steigerung ist es, eine „liegende Acht" mit dem rechten Fuß vor sich in die Luft zu malen. Auch jetzt starten wir im gedachten Mittelpunkt X und führen den Fuß nach links oben zur „liegenden Acht". Anschließend kann die Übung auch mit dem linken Fuß durchgeführt werden.

Zur Niveaudifferenzierung können auch Bohnensäckchen oder Bierdeckel auf dem Fuß balanciert werden.
Weitere Variationen hiervon sind möglich:

Die „liegende Acht" mit der Nase in die Luft malen

Diese Übung lockert gleichzeitig die Nacken- und Schultermuskulatur.

Die „liegende Acht" mit einem lockeren Hüftschwung aus dem Becken heraus formen

Die „liegende Acht" mit Jongliertüchern in die Luft zeichnen

Für diese Übung können auch Mikidos und Rhythmikbänder verwendet werden. Dabei müssen wir auf genügend Abstand zwischen den Kindern achten.

Die „liegende Murmel-Acht" aus Holz

Dieses Spiel fördert die Hand-Augen-Koordination. Eine Murmel läuft, ohne aus der Bahn zu hüpfen, die „liegende Acht" entlang. Hierbei verfolgen immer die Augen die Kugel auf ihrer Fahrt. (Kosten liegen bei ca. 15 €. Stände mit Holzspielzeug auf dem Weihnachtsmarkt vertreiben oft diese Murmelbahn.)

Spiele zu den X-Überkreuz-Bewegungen

Überkreuzbewegungen sind nichts Fremdes, sie sind in unserem Alltag allgegenwärtig – nur nehmen wir sie selten bewusst wahr: Ob beim Bügeln, Putzen, Schreiben, Spielen, Tanzen … ständig überkreuzen wir automatisch unsere Körpermitte. Viele Tätigkeiten können Kinder auch bei ihren Familienmitgliedern beobachten. Für diese Alltags-Überkreuzungen bieten sich folgende Spiele und Übungen an:

 Fenster putzen

Wir nehmen ein Tuch und putzen mal schmutzige Fantasiescheiben wieder sauber und klar. (Falls die Kinder tatsächlich die echten Fenster putzen, bitte nur von innen!)

 Boden wischen

Wir legen eine Slalomstrecke mit Markierungen fest. Jedes Kind bekommt einen Gymnastikstab und ein Tuch. Die Kinder versuchen, zuerst mit dem Stab und dem Tuch obenauf um die Markierungen zu gehen. Nun benutzen die Kinder die Stäbe und Tücher wie Schrubber und schrubben den Slalom-Parcours entlang.

 Krabbelparcours

Bauen Sie gemeinsam mit den Kindern einen Krabbelparcours: Materialien sind z. B. eine Stuhlreihe, ein Krabbeltunnel, eine Langbank, alte Mousepads oder Teppichfliesen.
Dann verwandeln sich die Kinder in Krabbeltiere: Als Krebs, Marienkäfer, Tausendfüßler, Ameise usw. durchqueren sie den Parcours in der „typischen" Fortbewegungsart.

Das Schwammspiel

Sie benötigen ca. 40–60 billige, bunte Haushaltsschwämme und eine Mittelinie (Seil oder Malerkrepp). Die Kinder (max. fünf Kinder pro Gruppe) werden in zwei gleich starke Gruppen aufgeteilt. Teilen Sie das Spielfeld durch die Mittellinie in zwei gleich große Felder auf. Jede Gruppe geht auf eine Seite des Spielfeldes. Etwa je 20–30 Schwämme werden auf jeder Spielseite verteilt. Ziel ist es für jede Gruppe, so wenig Schwämme wie möglich auf einer Seite zu haben. Die Kinder bewegen sich nur krabbelnd (wie die Krebse) im Vierfüßler-Gang und dürfen in jede Hand nur max. zwei Schwämme nehmen und in die Spielhälfte der anderen Gruppe werfen.

Achtung: Die Kinder dürfen nicht in das Spielfeld der anderen Gruppe krabbeln. Es werden zwei Runden zu je zwei Minuten gespielt.

Hand-Schulter-Übung

Wir stehen auf einer Seite des Raumes und werden uns zur anderen Seite hin bewegen. Wir berühren mit der rechten Hand die linke Schulter, gehen mit dem rechten Fuß einen Schritt und sagen dabei „rechts". Wir schauen dabei immer mit den Augen der Hand hinterher. Natürlich machen wir dies auch mit der linken Hand im Wechsel, bis wir den Raum durchquert haben. Jedes Kind macht die Übung im eigenen Tempo. Aber wir sind nicht auf der Flucht, denn … „Ruhig und still geht's, wie ich will!"

Klatsch dich fit!

Zwei Kinder sitzen oder stehen sich gegenüber. Langsam beginnen sie, zu klatschen, und werden dabei immer schneller. Sie klatschen:

1. in die eigenen Hände
2. mit der rechten Handfläche auf die rechte Handfläche des Gegenübers
3. in die eigenen Hände
4. mit der linken Handfläche auf die linke Handfläche des Gegenübers
5. in die eigenen Hände
6. mit beiden Handflächen auf beide Handflächen des Gegenübers

Durch das „Überkreuzklatschen" wird das Überkreuzen der Mittellinie spielerisch geübt. Außerdem wird die Hand-Augen-Koordination gefördert, die unerlässlich für den Schreibvorgang ist.

Ein begleitender Reim regt zusätzlich das Gehirn an. Reime werden oft in der Sprachförderung eingesetzt. Sie sprechen die rechte Gehirnhälfte an, die für Rhythmus und Melodie zuständig ist, sowie durch das gesprochene Wort die linke Hälfte, da diese hauptsächlich für die Sprache zuständig ist.

1, 2, 3, 4, Draaaacula, 5, 6, 7, 8,
erwacht, erwacht um Mitternacht.
Die Uhr schlägt zwölf, man hört es schon,
den Dracula am Telefon.
Da wackelt das Gebiss, da wackelt das Gebein,
die Leichen ziehn am Friedhof ein.
Der Priester geht im Minirock,
die Leichen kriegen einen Schock,
Die Tür geht zu, der Saal ist voll,
die Leichen tanzen Rock´n Roll.

oder

Wir sagen no, no, no,
wir sagen si, si, si,
wir sagen no,
wir sagen si,
wir sagen em pom pie kolonie kolonastik,
em pom pie kolonie.

Spiele für Konzentration, Koordination, Merkfähigkeit und Rechts-Links-Empfinden

Bewegungsspiele sind wichtig zum körperlichen Ausgleich, denn wer sich bewegt, kann sich auch besser konzentrieren.
Fast alle diese Spiele können auch zum Gelingen eines richtig tollen Bewegungs-Kindergeburtstags angewendet werden.

 Spiel mit „Stachel"

Stachel ist ein mehrfarbiger Plüschstern. Stachel ist eigentlich ein Hundespielzeug und im Zoobedarf erhältlich. Mit Stachel kann man prima Konzentrations-, Koordinations- und Reaktionsspiele spielen. Unsere Spielgruppe steht im Kreis (alle Kinder schauen sich an). Wir reichen nun Stachel auf verschiedene Art weiter.

- Halten Sie Stachel in der Hand. Sagen Sie zuerst den Namen eines Kindes und werfen ihm dann Stachel zu. Es geht so weiter, bis jedes Kind einmal dran war.
- Halten Sie Stachel wieder in der Hand. Wenden Sie sich dem Kind auf Ihrer rechten Seite zu und nennen diesem eine Farbe von Stachel. Das Kind greift Stachel an genau dieser genannten Farbe. Stachel geht so auf die Reise, bis jedes Kind einmal dran war.
- Wenden Sie sich nun dem Kind auf ihrer linken Seite zu und nennen diesem die Hand (rechts oder links), mit dem es Stachel greifen soll. Das Kind greift Stachel mit der geforderten Hand. Wieder geht es reihum, bis alle einmal dran waren.
- Wenden Sie sich zum Schluss dem Kind auf Ihrer rechten Seite zu und nennen diesem die Hand (rechts oder links) und die Farbe. Das Kind greift Stachel mit der geforderten Hand und an der gewünschten Farbe. Wenn alle Kinder auch in dieser Runde einmal dran waren, endet das Spiel.

Rechter Ball und linker Ball

Alle Kinder sitzen im Kreis auf dem Boden. Es werden drei verschiedene Bälle benötigt. Die Bälle sollten sich in der Größe und im Gewicht deutlich unterscheiden. Zum Beispiel: ein Tennisball, ein Wasserball, ein Softball. Die Bälle werden nur gerollt.

- Rollen Sie den ersten Ball einem Kind zu. Dieser Ball darf nur mit der rechten Hand gefangen und weitergerollt werden. Der erste Ball geht so auf die Reise.
- Wurde der erste Ball mehrmals weitergegeben, kommt der zweite Ball ins Spiel. Rollen Sie den zweiten Ball einem weiteren Kind zu. Dieser zweite Ball darf nur mit der linken Hand gefangen und weitergerollt werden. Auch dieser Ball geht auf die Reise.
- Um die Konzentration noch zu steigern, kommt nun der dritte Ball ins Spiel. Rollen Sie den dritten Ball auch einem Kind zu. Dieser dritte Ball darf nur mit beiden Händen gefangen und weitergerollt werden. Nun bewegen sich alle drei Bälle gleichzeitig zwischen den Kindern hin und her.

Dieses Spiel kann auch stehend an einem Tisch gespielt werden. Die Bälle sind dann entsprechend kleiner, wie z. B. Tennisball, Tischtennisball und Murmeln.

Unterschiedliche Bälle bieten unterschiedliche motorische Erfahrungen.

Till Lenecke

MÜNSTERLAND

Eine illustrierte Reise

INHALT

VORWORT

Fenna Tinnefeld
(Herausgeberin)

Das Münsterland setzt sich rein begrifflich gesehen offenkundig aus den beiden Worten „Münster“ und „Land“ zusammen und fasst die gesamte Umgebung um die Stadt Münster herum – von der niederländischen Grenze bis nach Oelde und von der Lippe übers Emsland bis nach Niedersachsen. Dementsprechend beherbergt es viele verschiedene Landschaftsräume und bietet so manches architektonische und geschichtliche Highlight.

Als Namensgeberin für die Region und natürlich auch in räumlicher Anknüpfung an Till Leneckes Vorgängerband „Münster – Ein illustrierter Spaziergang“ fungiert Münster in diesem Buch als Ausgangspunkt, von dem sich in alle Himmelsrichtungen besondere Orte des Münsterlandes erschließen lassen. Doch auch wenn die persönliche Erkundungstour an einem anderen Punkt der Region beginnen sollte, bietet die illustrierte Karte eine Orientierung für die unterschiedlichen Ausflugsziele, die mit Altstädten, Seen, Landschaften, Schlössern, Tieren und Zechen locken.

Die ausgewählten Orte sollen die Vielfältigkeit des Münsterlandes durch eine Mischung aus Landschaft und Architektur sowie aus belebten (Alt-)Städten und abgeschiedener Natur repräsentieren und Erkundungsziele für verschiedenste Geschmäcker anbieten. Dank der weitestgehend flachen Topographie ist „die Leeze“ das prädestinierte Fortbewegungsmittel zur Erkundung, um längere Strecken zu überbrücken und an mit dem KFZ nur schwer zugängliche Ecken zu gelangen. Die Ziele sind aber fast immer auch mit dem Auto, zum größeren Teil mit öffentlichen Verkehrsmitteln sowie auf kürzeren Abschnitten auch zu Fuß zu erreichen und eröffnen bereits auf dem Weg facettenreiche Ein- und Ausblicke in die lokale Geographie. Die besondere architekturhistorische Stellung von Schlössern und Wasserburgen im Münsterland wird man an der hohen Dichte dieser teils von komplexen Gräften- und Teichanlagen umgebenen Bauten im Buch wie vor Ort erkennen.

Das Außergewöhnliche dieses Titels ist die Wahrnehmung und Darstellung der Orte durch den Illustrator Till Lenecke. Seine Transformation von dem Betrachteten in eine teils etwas abstraktere, teils sehr detaillierte Zeichnung bringt eine ganz besondere Stimmung in diesen illustrierten Band. So lässt sich durch seine Annäherung an den Ort nicht nur am Ausflugspunkt selbst, sondern auch in diesem Buch

immer wieder Neues entdecken. Unterstützt wird der subjektive zeichnerische Blick durch nonchalante Texte von Till Schröder, die mit viel Augenzwinkern durch die Geschichte der Region führen.
Durch die vielseitigen Ziele kann man sich immer wieder neu entscheiden, ob man lieber in der Natur Tiere beobachten oder einen tierisch großen Eisbecher in einer der hübschen Altstädte bestellen möchte. Der vorliegende Band soll eine liebevolle Auswahl an Orten bieten, die den Abwechslungsreichtum des platten bis hügeligen Münsterlandes widerspiegelt – sowohl als unkonventioneller Einblick für Ortsfremde wie auch als neue Perspektive auf die heimatliche Umgebung für Alteingesessene. Viel Spaß beim (Be)Suchen und Erkunden von Bekanntem und Unbekanntem!

Wünscht
Fenna Tinnefeld

VORWORT

Prof.
Marcus Herrenberger
(Muenster School of Design)

Nachdem Till Lenecke seine Abschlussarbeit „Münster – Ein illustrierter Spaziergang“ an der MSD der FH Münster bereits im Deutschen Architektur Verlag veröffentlicht hat, gab es in Kooperation mit dem Verlag im letzten Jahr die Idee, auch illustrativ mal über die Grenzen Münsters hinauszuschauen.
Da es mir als ehemaliger Professor von Till immer eine große Freude bereitet, ihn beim Zeichnen zu begleiten und zu beobachten, habe ich mich gerne dazu bereit erklärt, ihn in meinen Roadster zu quetschen und das Münsterland zu erkunden. So gehörten frühe Frühlingstouren zu seinen Motiven für mehrere Wochen zu unserem Alltag. Und das, man mag es kaum glauben, ohne den berüchtigten Münsterländer Nieselregen. Wenn er zeichnete, fotografierte ich, auch ihn.
Ist es für viele MünsteranerInnen eine beliebte Wochenendbeschäftigung, die Umgebung mit dem Auto, dem Rad oder der Bahn zu erkunden, war das ländlichere Münsterland für den Hamburger Illustrator doch weitestgehend Neuland. Und genau darin liegt auch die große Stärke dieses Buchs. Till gelingt ein unvoreingenommener Blick auf die vielen Sehenswürdigkeiten und Naturschätze. In seinem ihm typischen Illustrationsstil entwickelt er neue Perspektiven auf bekanntere wie unbekanntere Orte.
Orte, die auch mir teilweise noch unbekannt waren, wie die Burg Stromberg bei Oelde. Und die Sie, liebe LeserInnen, nach der Erkundung im Buch hoffentlich dazu motiviert haben, sie selbst einmal anzusteuern – ob mit dem Auto, der Bahn oder dem Rad, ganz wie Sie mögen.

Herzlichst
Marcus Herrenberger

ARBEITSWEISE UND WERKZEUGE

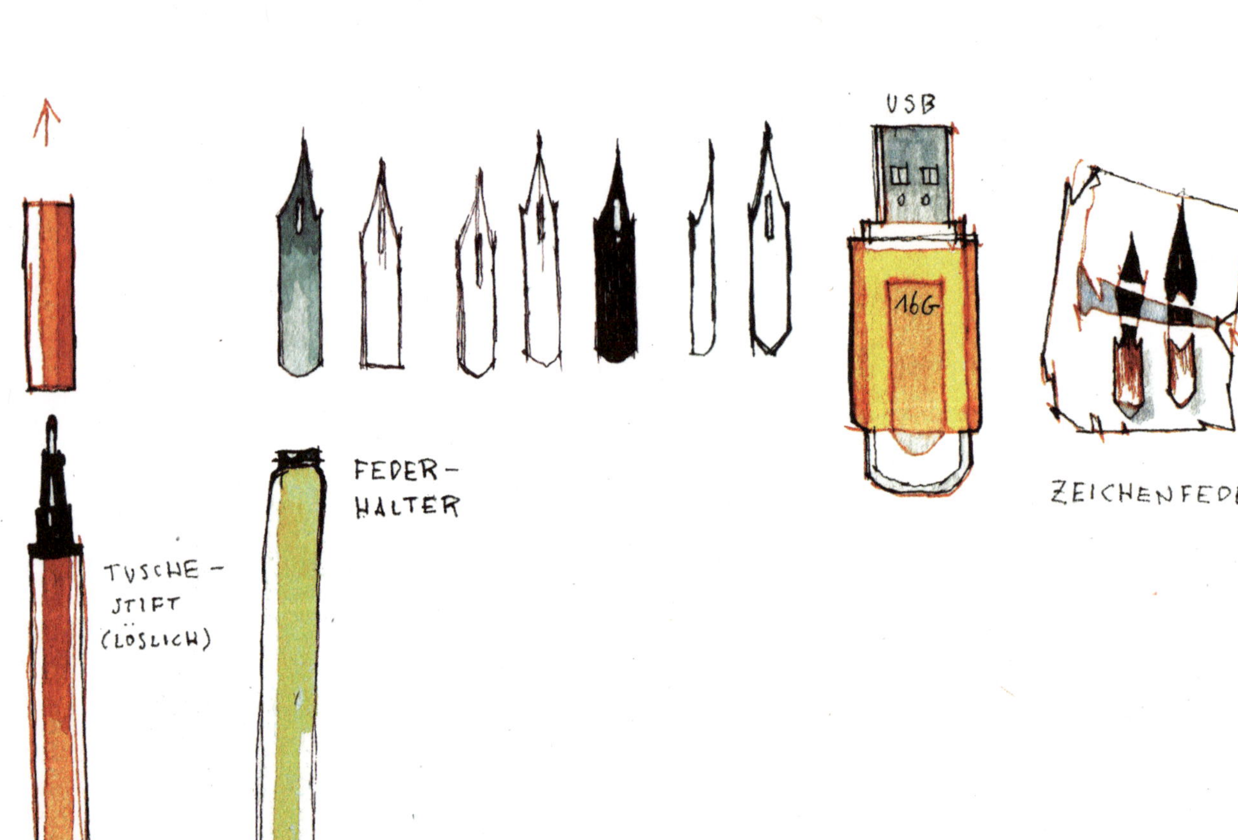

Liebe LeserInnen,

ich bin Till und der Illustrator dieses Buches. Nicht Fotos, sondern von meiner Hand angefertigte Skizzen bebildern dieses Reisebuch über das Münsterland. Die Idee dahinter ist noch jung und wird „Urban Sketching“ genannt, eine Unterkategorie der Craftbewegung, die dem neu erwachten Interesse an vergessene Handwerkskunst Rechnung trägt. So legen Menschen wieder vermehrt Wert darauf, gutes Bier und guten Kaffee zu trinken. Sie kaufen sich handgeschmiedete Küchenmesser oder nehmen selbst Unterricht, um ein handwerkliches Können zu entwickeln.
Beim Urban Sketching zeichnen wir die Welt so, wie wir sie unmittelbar wahrnehmen: dokumentarisch und skizzenhaft. In meinen Workshops versuche ich zu vermitteln, wie man mit Tusche und Aquarell kleine Erinnerungen einfangen kann. Die andere Hälfte des Konzeptes ist der skizzenhafte, unfertige Stil. Eine Notwendigkeit, denn alle Zeichnungen werden vor Ort gemacht. Also meistens im Stehen oder in unbequemer Sitzstellung. Urbanes oder, im Hinblick auf das Münsterland und dieses Buch, rurales Skizzieren lautet die Devise. Habe ich erstmal die richtige Position gefunden, bin ich glücklich. Zeichnen ist meine Leidenschaft und Droge. Ich bin abhängig vom Zeichnen, da kann es schon gerne windig sein (Hünenborg) oder regnen (Marktplatz Warendorf). Herausfordernder bei der Arbeit an diesem Buch war da für mich als Hamburger ohne Auto schon eher die Anreise zu den entlegeneren Münsterländer Höhepunkten. Dankenswerter Weise konnte ich Freunde in Münster von schönen Ausflügen mit ihrem Auto überzeugen, wenn ich mal nicht mit der Bahn, dem Fahrrad oder zu Fuß zum perfekten Zeichenplatz aufbrechen konnte. Dort angekommen, war der Aquarellblock auch schon direkt in der Hand und die erste Skizze nicht fern.
Hoffentlich haben Sie mindestens genauso viel Spaß beim Lesen wie ich beim Zeichnen. Vielleicht fühlen Sie sich sogar inspiriert, die erweiterte Entdeckung Ihres Zuhauses oder Urlaubsortes ebenfalls mal mit einer Skizze zu dokumentieren – und nicht mit der Handykamera.

Liebe Grüße von
Till Lenecke

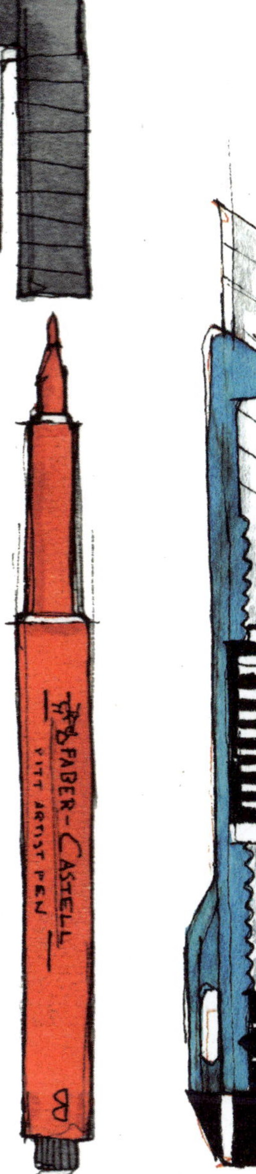

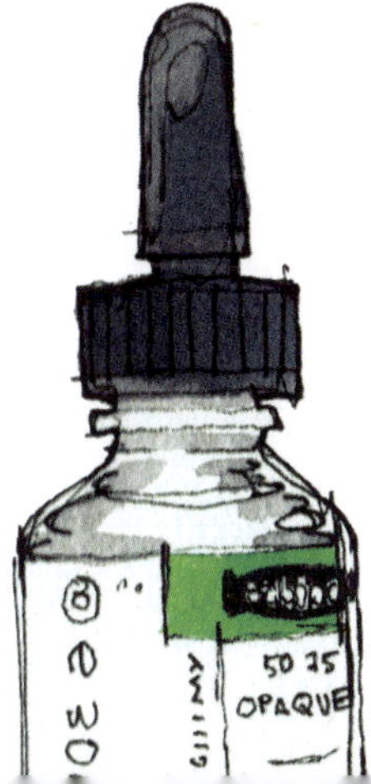

MITTE

Erbdrostenhof

Auch wenn der Fokus hier nicht auf der Stadt Münster, sondern auf seinem Umland liegen soll, lohnt es sich, nur für einen kurzen Moment auch einen Blick in das wohlbehütete westfälische Universitätsnest zu werfen.

Wie der Name der Region schon vermuten lässt, ist Münster zumindest historisch der Fixpunkt des Münsterlandes, was vor allem mit der politischen Rolle des Bistums zu tun hatte, das immer bedacht war, seinen Einflussbereich größtmöglich auszuweiten. Besonders immanent war jene im Dreißigjährigen Krieg, der nicht zuletzt als Kampf um das Vorrecht der konkurrierenden christlichen Konfessionen von Bedeutung war.
Auch stadtplanerisch und architektonisch ist ein Blick in die zentrale Domstadt für ein Verständnis der baulichen Entwicklungen des Münsterlandes aufschlussreich. Hier können viele Trends, die im Anschluss auch in der Umgebung zu tragen kamen, früh abgelesen werden und einflussreiche Persönlichkeiten der Baukunst hatten hier besonders im 17. und 18. Jahrhundert ihren Wirkungsbereich. Doch überstrahlt werden sie alle – zumindest im Barockstil – von Johann Conrad Schlaun, der sich neben dem Münsteraner Stadtschloss und der überregional bewunderten Clemenskirche in Münster besonders am Erbdrostenhof an der Salzstraße verwirklichte.
Um Münster herum findet man Schlauns Spuren unter anderem an den Schlössern Nordkirchen und Ahaus, am Haus Rüschhaus oder an der Saline Gottesgabe. Bei einer Tour durchs Münsterland ist er entsprechend einer der vielen roten Fäden, denen man folgen kann.

NORDEN

Man muss das Münsteraner Stadtgebiet nicht weit hinter sich lassen, um bereits ein abwechslungsreiches Naturschauspiel geboten zu bekommen. Kurz hinter dem Stadtteil Coerde beginnt ein ehemals zur Abwasseraufbereitung genutztes Areal, das heute vielen Vogelarten ein Zuhause bietet.

Rieselfelder

Im 19. Jahrhundert wurde die nach intensiver Vieh- und Forstwirtschaft zu einem nährstoffarmen Heidegebiet gewordenen Fläche kurzzeitig ohne nennenswerte Erfolge vom preußischen Militär dominiert. In der ersten Hälfte des 20. Jahrhunderts wurde dann, simultan mit der politischen Entwicklung der Republik, alles mit Fäkalien geflutet, die schwerer wieder wegzubekommen waren, als erwartet. In den kommenden Jahrzehnten folgten zunächst große wirtschaftliche Ambitionen, die ein gewaltiges Industriegebiet inklusive eigenem Atomkraftwerk vorsahen und nur durch die Intervention der Bevölkerung zugunsten eines Naturschutzgebiets aufgehalten werden konnten.

AUSSICHTSTURM

Heute erfreuen sich die Rieselfelder über zahlreichen humanoiden wie ornithoiden Besuch. Dieser wäre allerdings nicht vollständig ohne Kaffee und Kuchen im benachbarten Heidekrug, auf dessen Schornstein man mit gutem Timing nebenbei Störche beim Brüten beobachten kann.

Nasses Dreieck und Kloster Gravenhorst

Mit dem heißen Rollsplitt unter den Füßen fühlt man ihn, den Copacabana-Vibe an den Spundwänden des Dortmund-Ems-Kanals. Im meer- und seenarmen Münsterland übernimmt die 223 km lange Wasserstraße in den anliegenden Siedlungsgebieten eine wesentliche Rolle in der Freizeitgestaltung von Heranwachsenden.

1
INSTALLATION
'ARCHE IST KLEIN'

Bei Hörstel-Bergeshövede zweigt gen Osten der Mittellandkanal vom DEK ab und bildet das auf Naherholung ausgelegte Nasse Dreieck. Als der Frachtverkehr auf den Kanälen noch mit Schlepperschiffen betrieben wurde, waren hier zahlreiche Gastronomien und Geschäfte ansässig sowie die Kinder aus Binnenschifffahrtsfamilien in einem Internat untergebracht. Nach der Zunahme selbstmotorisierter Schiffe verlor der Standort stark an Bedeutung und wird heute eher auf dem Landweg angesteuert.
Nicht weit von hier liegt auch das ehemalige Zisterzienserinnenkloster Gravenhorst. Entnervt von regelmäßigen Überfällen über die Jahrhunderte verließen die hier lebenden Nonnen Anfang des 19. Jahrhunderts allerdings endgültig die Gegend. Der zum Teil gotische Gebäudekomplex wurde anschließend unter anderem als Gefangenenlager und zur Champignonzucht genutzt, bis er 2004 zu einem Atelier für KunststipendiatInnen gemacht wurde. Zeugnis von den zehrenden Zisterzienserinnenzeiten zeigt heute noch das sogenannte Nonnenpättken – ein früher vielgenutzter Fluchtweg vom Konvent zum Safehouse der Ordensschwestern in Bevergern. Als Verbindung von Kloster und Dreieck bietet sich das Pättken heute als kleine aber feine Wanderroute an.

Saline Gottesgabe

Auch wenn die Salzgewinnung heute nicht mehr so analog wie früher vonstattengeht, wird sich ein Nebeneffekt der alten Saline weiterhin gerne zunutze gemacht und mit tiefen Zügen die salzgeschwängerte Luft inhaliert.

Wenn man keinen Ozean um die Ecke hatte, war früher Salz ein rares Gut. Umso begeisterter müssen die Menschen im Raum Rheine gewesen sein, als sie im Ortsteil Bentlage auf eine Quelle stießen, aus der nicht wie üblich Süßwasser sprudelte.

Zur effizienten Gewinnung der zum Würzen und Konservieren begehrten Kristalle wurde das salzhaltige Wasser in der Regel erhitzt, um H_2O von NaCL (inklusive weiterer bekömmlicher Mineralstoffe und Spurenelemente) zu trennen. Der hohe Verbrauch von Brennmaterial führte beim Salzsieden aber schnell zu weiteren kreative Lösungen, um die Verdunstung auch mit weniger Hitze voranzutreiben. Die Gradierung, wie der Trennungsprozess fachlich heißt, wurde entsprechend findig über Wände aus Stroh- und später Schwarzdornbüscheln beschleunigt, auf deren Oberfläche bereits ein wesentlicher Teil des Wassers verdunstet.

In Bentlage wird die Salzsiedetradition inzwischen primär zu Dokumentationszwecken fortgeführt. Ein 2010 gegründeter Förderverein konnte durch fleißige Spenden inzwischen auch eine permanent arbeitende Schausiedepfanne realisieren, die rund um die Uhr in einem Glaspavillon bestaunt werden kann.

Die Hünenburg auf dem Thieberg

Raue Steinquader, runenähnliche Typographie, die Namen ausländischer Orte als Synonyme für deutsches Unglück, ein Altar mit einem eisernen Kreuz in der Mitte – dreimal darf man raten, wo sich die Nazis in Rheine wohl am liebsten trafen.

Auch wenn er ausgesprochen flach ausfällt, in Rheine beginnt mit dem Thieberg ein 8 km langer Höhenzug, der sich bis kurz vor Neuenkirchen erstreckt und nur im Stadtbereich vom Lauf der Ems durchbrochen wird. Die seicht ansteigende unbewaldete Fläche diente seit Jahrhunderten vornehmlich als Weideland aber ab und an auch als Schauplatz für blutige Schlachten und Volksfeste. Entsprechend erschien die besonders im Dreißigjährigen Krieg viel umkämpfte Fläche 1925 offenbar prädestiniert für ein brachiales Kriegsdenkmal in pseudogermanischer Optik, das die Gefallenen des Ersten Weltkriegs würdigen soll.

NORDOSTEN

AUF DEM GIPFEL

Dörenther Klippen

Trotz seiner obszön nördlichen, beinah niedersächsischen Lage wird glücklicherweise auch das Tecklenburger Land nach der Gebietsreform in den 1970ern zum Münsterland gezählt.

Eines der meistbesuchten Wanderziele der Region ist der 9,3 km lange Rundweg „Teutoschleife Dörenther Klippen", auf dem Menschen, die nur flaches Land gewohnt sind, mit moderaten Steigungen zu kämpfen haben. Hier passiert man die stolzen Sandsteinhänge des Teutoburger Walds und erreicht sogar eine seiner ikonischsten Felsformationen: das Hockende Weib. Ganz eindeutig handelt es sich bei dem krummen Steingebilde um eine überdurchschnittlich große Dame, die in grauer Vorzeit an dieser Stelle ihre Kinder auf die Schultern nehmen musste, um sie vorm Ertrinken in den Fluten des nahenden Urmeeres zu retten.
Als das Wasser nach langem Ausharren endlich zurückging, war sie von der enormen Anstrengung verständlicherweise zu Stein erstarrt. Bis zum heutigen Tag verweilt sie nun als ihr eigenes Denkmal und beliebter Picknickort am Schauplatz ihrer heroischen Mutterliebe.

FALZ VOM
SKIZZENBUCH

Haus Marck

1527 wurde Tecklenburg als erste Region in Westfalen reformiert und auch heute noch leben hier mehr protestantisch als katholisch getaufte Menschen.

Am Fuß der für Münsterländer Verhältnisse steigungsreichen Stadt liegt eines der vielen Wasserschlösser der Gegend mit einer historischen Gräftenanlage als Verteidigung. Vor dem Schluss des Westfälischen Friedens in Münster und Osnabrück wurden hier im Jahr 1643 Vorverhandlungen zum Ende des Dreißigjähren Kriegs geführt. Knapp zweihundert Jahre später wurde auf dem Anwesen außerdem Friedrich von Bodelschwingh der Ältere geboren, der eine junge Anstalt für Menschen mit epileptischen Erkrankungen stark mitprägte, aus der sich später die Stiftung Bethel entwickeln sollte. Umgeben ist der Gebäudekomplex von dem Naturschutzgebiet „Talaue Haus Marck", das die Erhaltung und Wiederherstellung des Wechter Mühlenbachs nebst seinen Flussauen zur Aufgabe hat.

Altstadt Tecklenburg

Von der etwa 900 Jahre jungen namensgebenden Tecklenburg, die im Hochmittelalter eine der imposantesten Hochburgen Norddeutschlands gewesen sein soll, steht heute nur noch wenig. Nahezu neuwertig sieht dagegen ihr Suburbium aus, wie die Vorstadt einer Burg damals genannt wurde.

Die Altstadt markiert den pittoresken Ausgangspunkt für diverse Wanderrouten rund um Tecklenburg oder tief in den Teutoburger Wald hinein.
Besonderer Beliebtheit erfreut sich der Hexenpfad, der unter anderem an das Erbe der Kräutlerkundlerin Anna von Tecklenburg-Schwerin erinnert, die recht früh Skepsis gegenüber den Hexenverbrennungen zeigte. Der Aufstieg zur Burgruine lohnt sich außerdem auch aus kulturellen Gründen, denn auf der Fläche der ehemaligen Burg befindet sich die 1927 gegründete Freilichtbühne Tecklenburg, die größte ihrer Art in Deutschland.

LASS MAL
MITTAG
MACHEN!
FOTOGRAF PHIL

Haus Langen

Im Naturschutzgebiet „Haus Langen" sind die Uferflächen der Ems und ihrer Nebenflüsse noch in ungewöhnlich ursprünglichem Zustand. Die saftigen Auen wurden bereits vor einigen Jahrhunderten als Weideland genutzt.

Kurz bevor die Bever in die Ems mündet, ist an ihrem Ufer eine alte Mühle gelegen. Bereits 1150 lebten an dieser Stelle Ritter, die im Dienst des Bischofs von Münster standen und dafür das Anwesen als Lehen bewohnen und bewirtschaften durften.
Das hier ansässige Adelsgeschlecht Langen, das in Anlehnung an ihr Wappen und zur besseren Abhebung von gleichnamigen Familien „Die Langen mit den Rauten" genannt wurde, taucht in der frühen Geschichte von Münster- und Emsland an verschiedenen Ecken auf. Im Hochmittelalter konnten sie mit etwas Glück auch auf der Tecklenburg angetroffen werden. Von dem historischen Anwesen steht heute nur noch die deutlich jüngere Vorburg im Renaissancestil, die durchs umliegende Grün lugt. Bei der gesamten Gegend handelt es sich um einen der malerischsten Abschnitte des Münsterlandes, der im mit dem Rittergut gleichnamigen Naturschutzgebiet zusammengefasst wird und 31 Hektar umfasst.

OSTEN

Altstadtkern Telgte

Radelt man den idyllischen Emsradweg entlang, ist spätestens in Telgte die richtige Zeit für einen Eisbecher gekommen.

Die Telgter Ems passiert kanufreundlich das mittelalterliche Stadtzentrum, staut sich romantisch an einer alten Mühle und ufert an grüne Auen, zu denen gut geblümte Picknickdecken passen. Fans von Günther Grass oder von katholischer Freizeitgestaltung ist der Ort entweder durch das fiktive Treffen in Telgte oder durch sein Gnadenbild der Mater Dolorosa als Wallfahrtsziel ein Begriff.

Historischer Marktplatz Warendorf

Warendorf ist der Sitz des Nordrhein-Westfälischen Landgestüts, das hier alljährlich seine stattlichsten Deckhengste präsentiert, um sie gegen horrende Summen auf elitäre Stuten loszulassen.

Ebenfalls an der Ems liegt versteckt zwischen Feldern und Pferdekoppeln die Stadt Warendorf, der Verwaltungssitz des gleichnamigen Landkreises. Trotz der selbstverständlich völlig fehlgeleiteten Küchentischetymologie machte das Städtchen im Mittelalter seinem Namen alle Ehre und hatte als Teil der Hanse Waren aller Art anzubieten. Das Geschäft mit Textilien, Gold- und Silberschmuck lief lange gut und ließ eine prunkvolle Altstadt entstehen, die auch heute noch bewundert werden kann.
Heute floriert hier vor allem der Handel mit Zuchtpferden – sowohl in ausgewachsener Form als auch als vielversprechende Samenzelle.

ICH IM
REGEN

Das lukrative Zuchtgeschäft ist der Gnade des preußischen Verwaltungsapparats zu verdanken, der Anfang des 19. Jahrhunderts in der nach dem Dreißigjährigen Krieg kontinuierlich verarmten Stadt die Führung übernahm und hier das Westfälische Landgestüt gründete. Im Stadtmarketing nimmt das Thema in der selbsternannten deutschen Pferdehauptstadt entsprechend einigen Raum ein und verursacht Werbebegriffe wie „Hengstparade" und „Symphonie der Hengste".

SÜDOSTEN

Kulturgut Haus Nottbeck

Coesfeld, Coerde, Raesfeld, Oelde, Laer – die Frage, ob es sich um einen Umlaut oder das Westfälische Dehnungs-E handelt, bringt Ortsfremde und NichtlinguistInnen gleichermaßen zum Verzweifeln.

Einfach auszusprechen und zumindest phonetisch aus dem Fernsehen bekannt ist der zu Oelde ['œlde] gehörige Stadtteil Stromberg. Hier gibt es ganzjährig ein Literaturmuseum und eine mittelalterliche Burg sowie saisonal Myriaden von Pflaumen und Pflaumenzubereitungen zu bestaunen.

Das besagte Museum am Rand von Stromberg hat sich auf westfälische Literatur spezialisiert, die es in ihrem Ausstellungskonzept über die reine Textform hinaus seh- und hörbar zu machen gedenkt. Obdach findet es im historischen Rittergut Haus Nottbeck, das zwar inzwischen mehr oder weniger auf dem Trockenen sitzt, aber selbstverständlich früher auch einmal eine Wasserburg gewesen ist.

Burg Stromberg

Die Burgruine ist lediglich noch in Teilen tatsächlich zu sehen und im Grundriss nur mit sachkundigem Blick auszumachen. So wird der Rasen durch die darunter verborgenen alten Mauerreste spärlicher mit Wasser versorgt und je nach Wetter lassen sich die Positionen der alten Mauern durch eine Verfärbung der Halme und den Wuchs von Steinkraut bestimmen.

Früher zeichnete sich der Wehrbau vor allem durch seine gute Verteidigungsposition aus, die durch die steil abfallenden Süd- und Westhänge gewährleistet wurde. Um die Nord- und Ostseite ebenso sicher vor Angriffen zu schützen, wurde ein vermutlich von zwei Mauerstreifen eingefasster Burggraben angelegt.

Um ihre geliebten Pflaumen zu vermarkten, sind die Stromberger über die Jahrhunderte aber deutlich gastlicher gegenüber Fremden geworden. Die Öffentlichkeitsarbeit übernimmt die in der Regel jährlich gekrönte Pflaumenkönigin, die mit milder Regentschaft das annuelle Gesicht der Pflaume bietet. Bei der feilgebotenen Sorte handelt es sich um eine 1790 von einem Spanien und Südfrankreich bereisenden Amtsschreiber mitgebrachte Frucht, die, zurück in Westfalen, umgehend als „Stromberger Pflaume“ angeeignet wurde.

PAULUSTURM
OSTSEITE
PAULUSTURM
SÜDSEITE

LEIDER IST DAS BADEN
HIER VERBOTEN!

Blue Lagoon

Frönt man dem Genuss, zu Fuß oder per Rad dem Lauf der Werse zu folgen, trifft man bei Beckum auf ein attraktives Loch in der Landschaft.

Durch den bis in die Neunzigerjahre praktizierten Kalksteinabbau entstand ein Baggersee, der heute Blue Lagoon genannt wird. Leicht schwülstig aber auch recht passend beschreibt der Name eine karibisch anmutende Insellandschaft umgeben von türkisenem Wasser, in der man hinter jeder Ecke Long John Silver erwarten könnte. Abseits des designierten Picknick- und Aussichtsplatzes seine Buddel Rum zu verzehren oder nach Perlen zu tauchen, ist allerdings strengstens verboten, denn der See bildet ein sensibles Biotop, dass durch menschliche Störung großen Schaden nehmen würde.

Fördertürme Zeche Westfalen

Ein besonders reizvolles Andenken an die arbeitsreichen Tage ist die inzwischen begrünte Osthalde, die mit 72 Hektar Fläche und 167,5 Metern Höhe zu den größten im Ruhrrevier zählt. Zumindest offiziell ist sie laut Bergrecht noch nicht für die Öffentlichkeit zugänglich.

Mit der Zeche Westfalen bei Ahlen wurde auch im insgesamt eher kohlearmen Münsterland ein Beitrag für den westdeutschen Schwarzkohlebau geleistet. 1909 wurde nach einigen vielversprechenden Suchbohrungen mit dem Abteufen der ersten beiden Schächte begonnen, denen bis Anfang der Achtziger fünf weitere folgten. Der zuletzt fertiggestellte Schacht Nummer 7 in Heessen bei Hamm war auch gleichzeitig der tiefste mit stolzen 1.330 m.

Nachdem am 30. Juni 2000 auch in der Zeche Westfalen endgültig Schicht war, wurde bis auf ausgewählte Gebäude an den ältesten beiden Schachtanlagen der Großteil der Strukturen rückgebaut. Heute stehen unter anderem noch die Fördergerüste, die Lohnhalle und die Waschkaue von Schacht 1 und 2. Hier wurde inzwischen Platz für ein paar Tech-Firmen und die für stillgelegte Bergwerke obligatorische Kletterwand geschaffen.

Der Bergbau-Traditions-Verein Zeche Westfalen durfte in den alten Grubenwehrgebäuden Stellung beziehen und dort, wo früher nackte Kumpel ihre Kleider an die Hallendecke hängten, können jetzt bei Bedarf Tagungen abgehalten werden.

Hohe Ward und Hiltruper See

Schon aus der Ems-Börde-Bahn RB89 Richtung Münster lässt sich kurz vor Hiltrup für den Bruchteil einer Sekunde die märchenhafte Heidelandschaft bewundern. In Fahrtrichtung links öffnet sich zwischen Wald- und Felderflächen die Parallelwelt der Erika.

Im Süden von Münster wird es ab Hiltrup landschaftlich zunehmend abwechslungsreicher.
Der Dortmund-Ems-Kanal teilt sich in einen weiterhin logistisch genutzten und einen idyllischen Seitenarm auf, der Steiner See bietet seltenen Vogelarten Brut- und Nistplätze und in der Hohen Ward wiegen sich knorrige Kiefern und Heidekraut im Wind.

SÜDEN

Im Seehotel Krautkrämer kam hier zu Zeiten der alten BRD weltmännisches Flair auf, wenn sich überregional bekannte Persönlichkeiten den Saunaeimer in die Hand drückten. Nachdem der Glamour der 70er abgeklungen war, wurde nach der Jahrtausendwende die Leitung des Hauses von der Familie Krautkrämer schließlich an die Kette Best Western übergeben.

Naturschutzgebiet Venner Moor

Auf dem Holzweg gelangt man trockenen Fußes durch das Venner Moor, dessen früher zum Torfabbau trockengelegte Bereiche inzwischen wieder naturgemäß vernässt sind.

Durch abwechselnden Birken- und Kiefernwald sowie Heide- und Zwergstrauchflächen sind die schmalen Bohlenpfade vorausschauend angelegt worden, um die Spaziergesellschaften möglichst lebendig und ihre Sonntagskleidung weitestgehend schlammfrei zu halten. Nach einiger Zeit zwischen den weichen Mooshügeln ist man schließlich überzeugt davon, um die nächste Ecke Elfen und Wichtel auf frischer Tat ertappen zu können. Auch wenn oder gerade weil etwaige Fabelwesen meistens dann doch eher im Verborgenen bleiben, wird es bestimmt nicht der letzte Besuch gewesen sein.

Kammburg, Spornburg, Sumpfburg, Ingeburg. Von all den tollen möglichen Burgformen ist natürlich auch Vischering nach guter Münsterländer Tradition zuallererst eine Wasserburg. Doch auch ihre Rolle als Ringmantelburg und strategische Funktion als Trutzburg darf nicht unterschlagen werden.

Was Burgen im Münsterland angeht, ist Vischering ganz vorne mit dabei. Natürlich will niemand die Gefühle irgendeiner anderen Burg verletzen, aber der außergewöhnlich hübsche Komplex bei Lüdinghausen kann schon als inoffizieller Publikumsliebling gewertet werden. Bereits in ihrer frühspätmittelalterlichen Nutzung als Zwingburg, die territoriale Ansprüche des Bistums Münster unterstreichen sollte, begann die Baugeschichte als ambitioniertes

Projekt. Die Burg wurde auf eine Sandinsel in einem Arm der Stever auf Basis einer Pfahlrostgründung – also auf in den Boden gerammten Holzpfählen – errichtet.
Nach einem schweren Brand im Jahr 1521 wurde die Anlage im Renaissancestil neu aufgebaut und ist bis auf jüngere Restaurierungsmaßnahmen bis heute in diesem Zustand geblieben. Die Zwei-Insel-Burg besteht aus einer vollständig von Wasser umgebenen Vorsowie einer Kernburg und weiteren Wirtschaftsgebäuden, die ebenfalls in einem komplexen Gräftensystem angeordnet sind. Um die Pracht von allen Seiten bewundern zu können, ist um den eigentlichen Hausteich ein ringförmiger Rundweg angelegt, der von bis zu 400 Jahre alten Eichen und einer naturdenkmalgeschützten Sommerlinde gesäumt ist.

Schloss Nordkirchen

Die Geschicke des prunkvollen Schlosses werden heute nicht mehr von Fürstbischöfen, Grafen oder Herzögen gelenkt, sondern von der administrativen Expertise des Landes NRW, das hier seine FinanzwirtInnen ausbilden lässt.

Seine Sporen hat sich der Architekt Johann Conrad Schlaun beim Bau des imposanten Schloss Nordkirchen verdient, für dessen Errichtung er gegen Ende des Bauprozesses als Baumeister eingesetzt wurde. Hier sammelte er Erfahrungen, die ihm später auch beim Schlossbau in Münster zugutekommen sollten, auch wenn sein hier verfeinerter Barockstil dann schon nicht mehr ganz auf der Höhe der Zeit war. Auf der Anlage von Nordkirchen durchwirkt die üppige Symmetrie dagegen noch jeden Kiesel, denn neben dem zweiflügeligen Hauptgebäude wurde hier auch in der Parkanlage auf barocke Mittelachse und akkurat frisierten Buchsbaum gesetzt. Neben Schlaun war für große Teile der Gärten der kurbayerische Wasserbauingenieur und Garteninspektor Dominique Girard verantwortlich, der im Versailles des Louis-quatorze beim Besten gelernt hatte – dem Begründer des barocken Gartenstils André Le Nôtre.

SÜDWESTEN

Halterner Stausee und Westruper Heide

Nach gründlicher Aufbereitung sprudelt das Seewasser der Talsperre Haltern aus über einer Million Wasserhähnen in Münsterland und Ruhrgebiet.

Viele Seen der Region sind entweder eine Nebenwirkung des industriellen Tagebaus oder durch Staudämme entstanden. Auch der Halterner See ist nicht natürlichen Ursprungs, sondern 1930 durch das Aufstauen der Stever und des Halterner Mühlenbachs zur Trinkwasserversorgung angelegt worden.
Die Stevertalsperre wird seither für Spaziertouren, sein Seebad und zum Bötchenfahren mit Körper- oder Windkraft besucht. Eine Runde um das Wasser ist stramme 8 Kilometer lang und verlangt aufgrund der geringen Pommesbudendichte nach gutem Proviant.

STAUSEE HALTERN
EMU
PFAU
HÄNGEBAUCHSCHWEINE IM TIERPARK

Nur ein kleines Stückchen weiter liegt als Alternativeindruck das größte Zwergstrauchgebiet Westfalens, in dem im Spätsommer lieblich die Erika blüht. Ein Besuch der karggrünen Westruper Heide lohnt sich aber auch zu allen übrigen Jahreszeiten, wenn einem der Sinn nach süßer Melancholie mit einer Prise Endzeitstimmung steht.

Wie Haltern am See ist auch Borken ein Teil des weitläufigen Naturparks Hohe Mark, der sich bis Ruhrgebiet und Niederrhein erstreckt. Im Münsterland zählen auch Raesfeld, Bocholt und Isselburg zum Areal.

Borkener Stadttürme

Zur Verteidigung brauchte es in der Geschichte der Kreisstadt Borken etwas mehr als einen seichten Wasserburggraben mit Entengrütze. Der Erfolg der alternativ eingesetzten massiven Maueranlagen lässt sich gut durch ihr stolzes Alter beweisen, das knapp 760 Jahre beträgt. Die imposantesten Überbleibsel der Befestigungen Borkens bilden fünf Türme, die auch heute noch das Stadtbild prägen: Kuhmturm, Wedemhoveturm, Holkensturm, Windmühlenturm und Diebesturm. Bis auf den etwas kleiner geratenen Holkensturm ragen sie, alle um die 16 Meter hoch, über die eher zierliche Borkener Architektur hinaus und haben in den vergangenen Jahrhunderten verschiedenste Aufgaben übernommen.

WEDEMHOVETURM
BRÜCKE
ÜBER DEN
DÖRINGBACH

So erhielt der Windmühlenturm Anfang des 17. Jahrhunderts Flügel und konnte zum Kornmalen verwendet werden, im Holkensturm residierte freiwillig der Stadtkommandant und im Diebesturm noch bis 1907 unfreiwillig Häftlinge. Heute stehen die meisten der Türme als Versammlungs- und Ausstellungsorte zur Verfügung und beherbergen unter anderem das Stadtarchiv, Nachbarschafts- und Naturschutzvereine, das Trauzimmer des Standesamts sowie die Borkener SPD-Fraktion.

HOLKENSTURM

Burg Gemen

Die Erblinie der Gründerfamilie der Burg kann bis auf den „dux Saxonum" Widukind zurückgeführt werden, der Westfalen im 8. Jahrhundert hart aber erfolglos gegen Karl den Großen und die drohende Christianisierung verteidigte.

Mit dem schließlich eingesetzten Münsteraner Bischof konnte sich die Burg Gemen das gesamte Mittelalter über nie tatsächlich anfreunden und so ist es nicht verwunderlich, dass wie in Tecklenburg auch hier eine der wenigen frühen protestantischen Gemeinden der Region entstand. Konflikte mit der katholischen Kirche waren auch bis lange nach dem Dreißigjährigen Krieg an der Tagesordnung, vor der die Burg ihre Landeshoheit bissig beschützte.
Was ihm ein knappes Jahrtausend lang streitig gemacht wurde, konnte sich das Bistum Münster letztlich doch noch sichern. 1946 pachtete es die Burg und hält in der dort eingerichteten Seminarstätte heute in stiller Genugtuung die „Tage religiöser Orientierung" für ihre junge Anhängerschaft ab.

Schloss Raesfeld

Zu der Anlage von Schloss Raesfeld gehört auch die Freiheit – eine Ansammlung von Gebäuden, die früher von über 200 Bediensteten bewohnt wurden und in denen man heute Gastwirtschaften und Geschäfte findet. An das durchlauchte Erbe erinnert noch der Wohnmobilstellplatz „Graf Alexander".

Die im 12. Jahrhundert errichtete Burg wurde Mitte des 17. Jahrhunderts von der Familie von Velen zu einem Residenzschloss im Renaissancestil ausgebaut. Nach dem Ende der Erblinie verfiel das Anwesen zusehends und wurde bis in die Nachkriegszeit primär landwirtschaftlich genutzt, bis es von den Handwerkskammern NRW erworben wurde. Nun unter der Regentschaft der Arbeiterklasse fungiert das neu restaurierte Schloss als Sitz der Fort- und Weiterbildungseinrichtung der Kammer sowie als Veranstaltungsort und Ausflugsziel mit eigener Gastronomie.
Das Schloss besitzt mit 52,5 m den höchsten Schlossturm Westfalens, der dank seines stufenförmigen Dachaufbaus ein willkommenes Alleinstellungsmerkmal auf den diversen Münsterländer Schlossfotografien besitzt.

KLICK!

Tiergarten und Naturpark Hohe Mark

Direkt hinter dem Gebäude beginnt das Parkgelände, das früher als Jagdrevier diente. Als Geschenk an seinen adeligen Freund Alexander II. wurde hier 1664 durch Johann Moritz von Nassau-Siegen das erste in Nordrhein-Westfalen nachweisbare Damwild eingeführt. Während des späteren Leerstands des Schlosses witterten die Tiere dann ihre Chance und bahnten sich ihren Weg durch die inzwischen verfallenden Palisadenumfriedungen in die Freiheit.

Bocholter Rathaus

In Bocholt findet man mit dem historischen Rathaus ein Vorzeigeexemplar der Niederländischen Renaissance.

Der prachtvollste Blick auf den zwischen 1618 und 1621 errichteten Bau bietet sich von der Marktplatzseite aus. Er präsentiert sich mit einer achtachsigen Schaufront und einem reich verzierten Bogengang.
Bei der Fassade kamen sowohl Backstein als auch der obligatorische Baumberger Sandstein zum Einsatz. Wenn auch der Architekt nicht bekannt ist, lässt sich die Glaskunst der Zierfenster unter anderem dem Zeichner Jan von Lintelo zuordnen, der kunsthistorisch bedeutende Beiträge für den Manierismus geliefert hat.

Wasserburg Anholt

Nahe dem Niederrhein liegt die Burg Anholt, die im Zweiten Weltkrieg durch Bombenangriffe stark beschädigt wurde. Grund hierfür waren Abschussrampen für V2 Raketen, die ungünstig in unmittelbarer Nachbarschaft zum Schloss positioniert waren.

Anholt besaß von 1347 bis 1975 eigenes Stadtrecht und ist seither Teil von Isselburg. Sowohl seine historische Altstadt ist einen Besuch wert wie auch die benachbarte Wasserburg, die ihre Gräften mit Wasser aus der Issel speist, bevor diese weiter Richtung Amsterdam dahinplätschert.
Die Schlossgärten waren zwar ursprünglich im Barockstil entworfen, wurden später aber durch den englischen Gartenarchitekten Edward Miller im vorherrschenden Landschaftsstil seines Heimatlandes umgestaltet. Die auf separaten Inseln untergebrachten Anlagen fielen 1945 ebenfalls Fliegerbomben zum Opfer und wurden in der Folge kurzerhand wieder in ihren barocken Urzustand versetzt.

Der gleichnamige Ort liegt nur drei Fahrradminuten von der Burg entfernt und weiß mit einer Vielzahl historischer Sehenswürdigkeiten zu begeistern.

Zeugnis ehemaliger Autarkie und Prominenz ist die gut erhaltene Anholter Altstadt. Bei einem Gang durch die zierlichen Straßen sollte man vor allem das 1567 fertiggestellte und 1834 im neugotischen Stil veränderte Rathaus, die neoromanische St.-Pankratius-Pfarrkirche, die Friedenskirche und den historischen Eiskeller abklappern.

EVANG.
KIRCHE

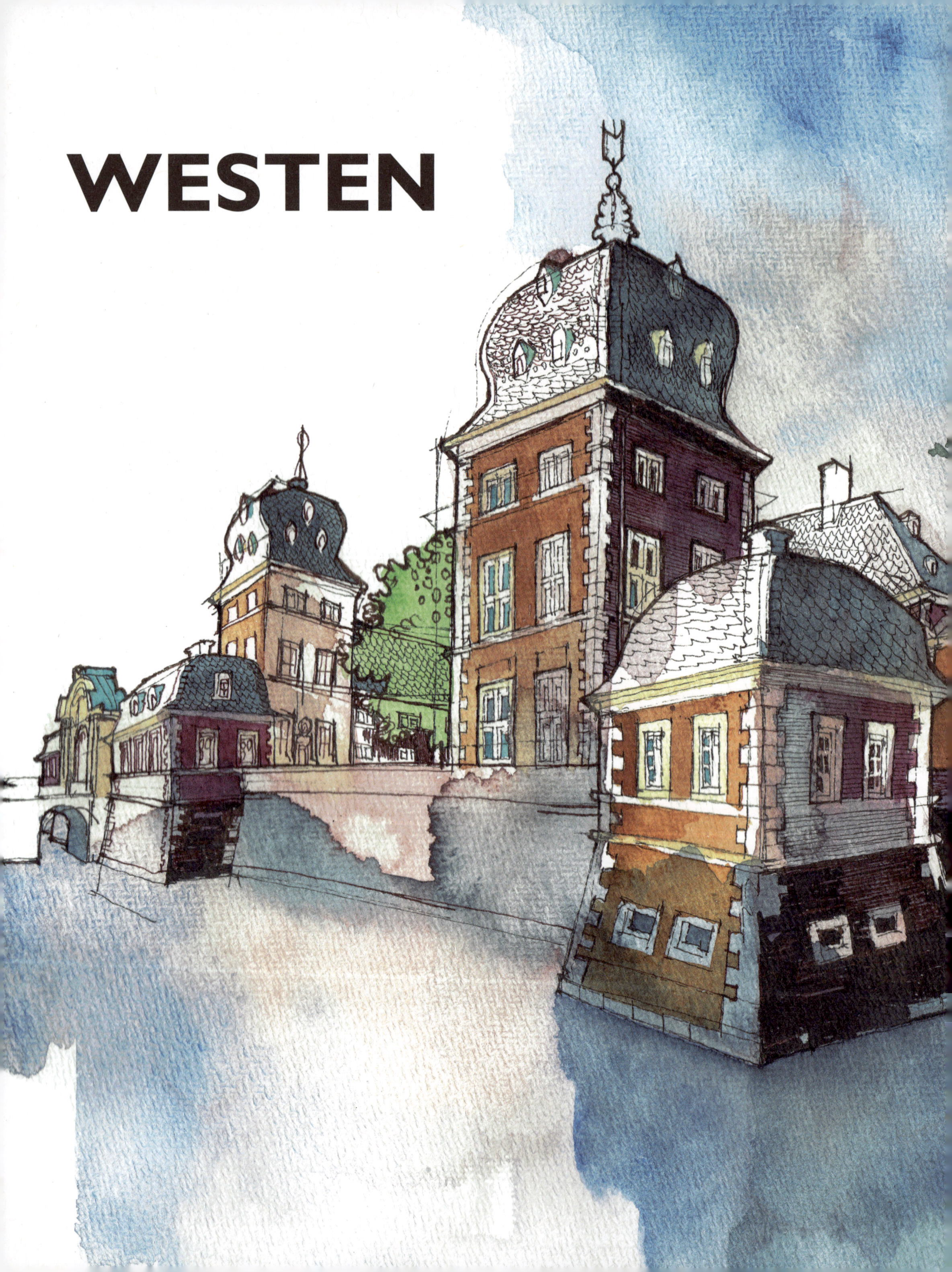
WESTEN

Schloss Ahaus

Natürlich hatte auch beim Ahauser Stadtschloss Johann Conrad Schlaun seine Finger mit im Spiel. Er fügte dem Bau einen barocktypischen Mittelrisalit nebst Freitreppe hinzu.

Den Ursprung des Städtchens nahe der niederländischen Grenze markiert eine Anfang des 12. Jahrhunderts fertiggestellte Burg mit dem Namen „Haus an der Aa". Aufgrund der Loyalität der Ahausherren zum im Deutschen Thronstreit unterlegenen Heinrich dem Löwen wurde die erste Burg allerdings wenig später durch den die Staufer unterstützenden Bischof von Münster restlos zerstört.
Für das heute noch stehende prächtige Barockschloss ist Fürstbischof Friedrich Christian von Plettenberg verantwortlich, der sich hier 1688 eine Residenz errichten ließ. Nach einigen kleineren kriegsbedingten Baustopps und Zerstörungen kam das Projekt allerdings erst etwa 80 Jahre später zum Abschluss.

Zwillbrocker Venn

Nachdem sich im Zwillbrocker Venn nachweißlich schon vor 10.000 Jahren Menschen zum Jagen und Sammeln herumtrieben, ist es seit den 1980er Jahren auch bei Flamingos beliebt.

Das ehemalige Hochmoor nah an der niederländischen Grenze wurde wie viele torfreiche Feuchtgebiete früher besonders zum Abbau von Brennmaterial genutzt. Als Resultat bleibt heute eine Landschaft aus flachen Gewässern, die Lebensräume für verschiedene Vogelarten bietet. Die gefiederten Stars des Moorgebiets sind einige Exemplare von Kuba-, Chile-, Rosa- und seltener sogar Zwergflamingos, die sich hier im Sommer regelmäßig zum Brüten niederlassen. Im Herbst geht es dann zum Überwintern wieder in die nördlichen Niederlande.

Nicht ganz so flamboyant aber kein bisschen weniger sympathisch sind auch die in der hier ansässigen Biologischen Station gehaltenen Moorschnucken – eine bedrohte Hausschafrasse, die sich besonders bei feuchten Böden gut zur Landschaftspflege einsetzen lässt.

HOHES
HAUS

Burg Hohes Haus

Erbaut wurde die Burg Nienborg Ende des 12. Jahrhunderts als Handelsverbindung zwischen dem Bistum und den Niederlanden. Verantwortlich war der Münsteraner Bischof mit dem putzigen Namen Hermann II. von Katzenelnbogen.

Die eigentliche Ringburg muss in einer Flussschleife der Dinkel gelegen haben. Innerhalb ihrer fast 10 m hohen Mauer waren 30 Burgmannshäuser angesiedelt, von denen heute noch das Hohe Haus, das Lange Haus und der Hof Keppelborg erhalten sind. Als einer der ältesten Teile der historischen Bausubstanz sind außerdem noch Reste der alten Ringmauer zu finden, die romanischen Ursprungs ist.

Wasserschloss Haus Egelborg

Neben kostspieligen Wallanlagen waren Burggräben oft die einzige Option, sich im flachen Münsterländer Tiefland für Kriege zu wappnen oder sich Menschen vom Hals zu halten, welche die gottgegebene Hierarchie von Adel und Pöbel nicht verstehen wollten.

Auch im Kreis Borken waren Wasserschlösser historisch eine beliebte Sicherheitsvorkehrung zum Schutz von Hab, Gut, Kind und Kegel. In der Nähe von Legden liegt auf ursprünglich zwei durch Gräften geschaffenen Inseln, die später zusammengelegt wurden, ein besonders hübsches Beispiel dieser Tradition.
Das Haus Egelborg ist die letzte von drei Wasserburganlagen am Oberlauf der Dinkel, die nicht dem Zahn der Zeit zum Opfer gefallen ist. Ende des 14. Jahrhunderts erstmals urkundlich erwähnt, lässt sich die bauliche Veränderung des Komplexes anhand der unterschiedlichen architektonischen Stile ablesen. So lässt sich der Nordflügel als ältester erhaltener Bauteil mit seinem typgerechten Treppenturm der niederländischen Renaissance zuordnen, während sich der jüngere Westflügel eher am Barock orientiert. Erreicht wird der Innenhof über eine neogotische Vorburg, der Wirtschaftsgebäude aus dem 18. und 19. Jahrhundert vorgelagert sind. Über ein kleines Mühlenhaus im Norden der Gräften wird auch heute noch der Wasserzufluss aus der Dinkel reguliert.

Baumberge

Die Bruder-Klaus-Kapelle in den Baumbergen ist zwar nicht der Rastplatz mit den meisten Höhenmetern, beeindruckt dafür aber mit seinem weiten Ausblick über das verträumte Havixbeck.

Stolz erheben sich die Gipfel der Baumberge über das Münsterlandtal. Sie werfen ihre langen Schatten bis zur nächsten Straßenecke und sind selbst von den anliegenden Bauernhöfen aus am Horizont gut zu erkennen. Mit imposanten 188,7 m über Normalnull sind sie neben dem Teutoburger Wald das aufregendste, was die Topografie der Region zu bieten hat und zeigen ausnahmsweise auch mal etwas Steigung auf den Münsterländer Fahrradwegen.

Den Ruhm, der den Baumbergen als Bergsteig- und Skigebiet immer verwehrt blieb, gleichen sie durch ihren Steinabbau aus. Seit etwa einem Jahrtausend wird Baumberger Sandstein von Rhein- bis Niederlande in etlichen Kirchen, Domen (etwa denen von Köln und Münster) sowie Rathäusern verbaut.

_WESTEN 91

Ein Höhepunkt der Steinbruchtradition ist der Steinhauer-Korn, mit dessen Hilfe sich die Arbeiter früher bei Laune hielten und Geschichten über Kobolde in den Steinbrüchen, die „Teitekerlken", erfanden. Nicht nur für den Schnaps ist das Sandsteinmuseum in Havixbeck einen Besuch wert.

Das inoffizielle Zentrum des Höhenzugs, das sich von Horstmar über Havix- und Billerbeck bis nach Coesfeld erstreckt, markiert der Longinusturm. Dieser wurde 1901 vom frisch gegründeten Baumberge Verein fertiggestellt und nach dem ersten Vereinsvorsitzenden Dr. Fritz Westhoff – Longinus gerufen – benannt. Der Schüler und Kollege des Münsteraner Zoologen Hermann Landois war zuvor an einer durch Baumberger Stacheldraht zugezogenen Tetanusinfektion tragisch im Vereinsdienst verschieden.

Der Aussichtsturm wurde erst in den Weltkriegen zur Flugortung und später mittels eines architektonisch gewöhnungsbedürftigen Technikaufbaus als Fernmeldestation zweckentfremdet. 1979 wurde hier von Rechtsterroristen ein Sprengstoffanschlag verübt, um die Fernsehübertragung einer Serie über den Holocaust zu verhindern. Da die robusten Turmmauern kaum beschädigt wurden und die Ausstrahlung außerdem tatsächlich von woanders erfolgte, taugte die Aktion allerdings höchstens als Exempel für den Informationsstand von Rechtsterroristen.

Burg Hülshoff

Geboren als Anna Elisabeth Franzisca Adolphina Wilhelmina Ludovica Freiin von Droste zu Hülshoff wurde Annette im Trend des 18. Jahrhunderts meist simpel „die Droste" genannt.

Auf halbem Weg zwischen Münster und Havixbeck passiert man die Burg Hülshoff, eine Renaissance-Wasserburg aus Ziegeln und Baumberger Sandstein. Bei dem gut 470 Jahre alten Haupthaus handelt es sich um den Geburtsort der Dichterin Annette von Droste-Hülshoff, die hier ihre Kindheit und Jugend verbrachte. Die Anlage, die noch einige weitere Gebäudeteile und einen weitläufigen Park inklusive Lustwäldchen, Liegewiese und Teehaus umfasst, wurde 2012 in die neu gegründete „Annette von Droste zu Hülshoff-Stiftung" überführt und zu einem öffentlichen Kulturort gemacht.

Das hier nun ansässige „Center for Literature" beschränkt sich glücklicherweise nicht nur auf seinem Erbe entsprechende Dichtkunst, in der Begriffe wie „hinducket" oder „Gestumpf" Verwendung finden. Stattdessen ermutigt es Besuchende aller Bildungs- und Altersschichten zur Teilhabe am medienübergreifenden Kunstdiskurs und arbeitet hierfür an einem stetig wachsenden Workshop-, Forschungs- und Veranstaltungsangebot.

NORDWESTEN

Nach ihrer Jugend auf Burg Hülshoff zog die Droste in diesen nur wenige Kilometer weiter östlich gelegenen Landsitz, um hier unter anderem ihren Sekundarstufe-Eins-Hit „Die Judenbuche“ zu schreiben.

Das bereits in der Burg Hülshoff positiv aufgefallene Center for Literature bespielt auch die Räumlichkeiten des vor Nienberge angesiedelten Haus Rüschhaus, in dem Annette ihr erwachsenes Leben verbrachte.

Neben den bereits erwähnten baulichen Landmarken entsprang auch dieses Anwesen mit Bauernhauscharme in großen Teilen der Feder des barocken Hans Dampf in allen Gassen Johann Conrad Schlaun, der hier Mitte des 18. Jahrhunderts selbst für eine Zeit wohnte.

DAGUERREOTYPIE VON 1845

SCHULE
EINGANG
AUF DEM
SCHULHOF

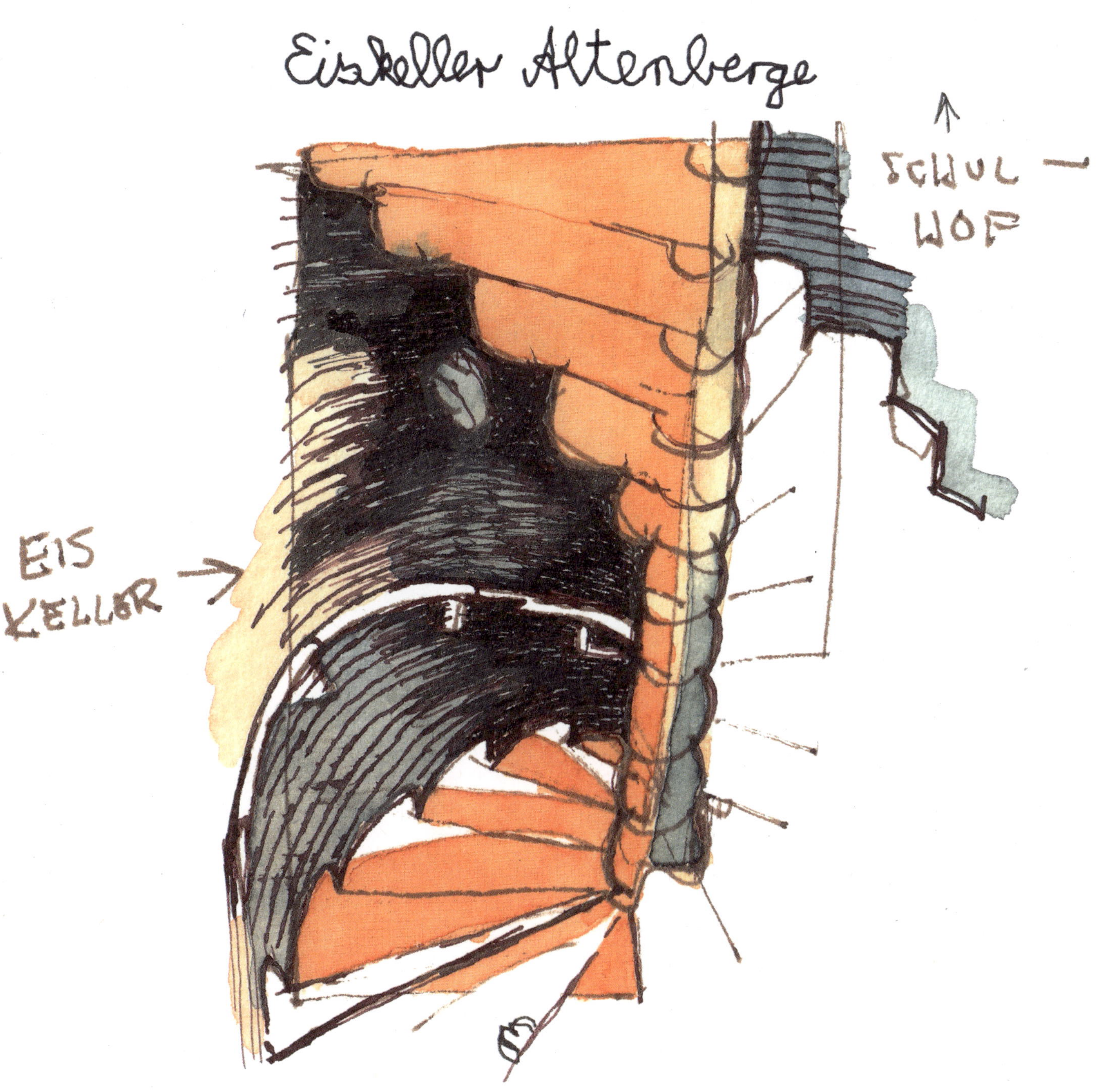

Bier macht vergesslich. Nach dem Konkurs der Brauerei Beuing im Jahr 1927 wurde das unterirdische Gewölbe erst 70 Jahre später wiederentdeckt.

Für kaltes Bier wurden in der Geschichte des Münsterlandes keine Mühen gescheut. In Kellergewölben wurde im Winter in speziellen Eisteichen hergestelltes Kühlmaterial eingelagert, um so auch im Sommer einstellige Temperaturen erreichen zu können.

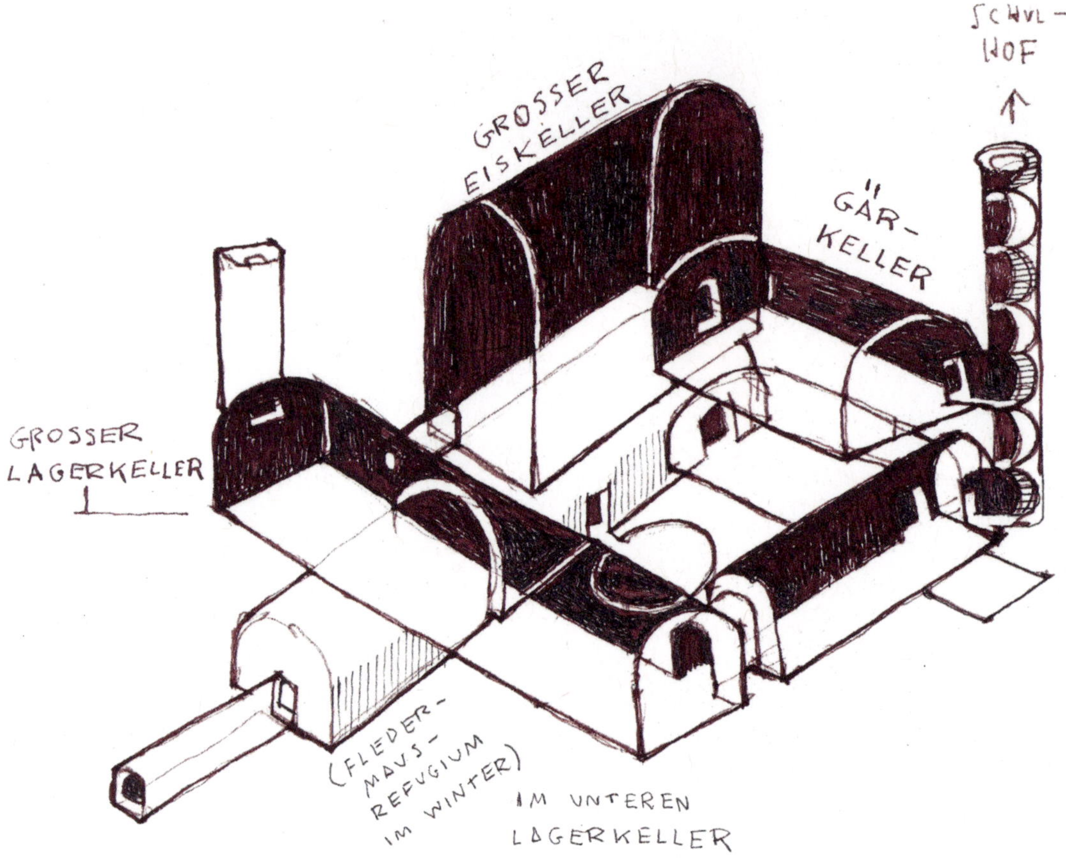

In Altenberge kann ein außergewöhnlich geräumiger und durch den ansässigen Heimatverein liebevoll renovierter Eiskeller von Menschen und Fledermäusen besucht werden. Erstgenannte sind aber zur vorherigen Anmeldung verpflichtet.

GROSSER
EISKELLER

Steinfurter Bagno

Bis die Grafschaft Steinfurt 1806 durch Vasallen Napoleons annektiert wurde, war das Bagno einer der beliebtesten Parks Westfalens.

Erst noch klar nach französischem Barockvorbild gehalten und anschließend im Trend der englischen Gärten umgestaltet, wurde die 1765 von Karl Paul Ernst von Bentheim-Steinfurt begründete Anlage stetig zu dem, was im 18. Jahrhundert einem Vergnügungspark am nächsten kam. Wasserspiele und ein See zum Bötchenfahren wechselten sich ab mit einer Vielzahl kleiner Gebäude, die nach der zeitgenössischen regionalen Vorstellung von der Architektur Chinas sowie dem antiken Ägypten und Griechenland entworfen wurden.

Unter den Bauten war auch die heute noch stehende reich verzierte Konzertgalerie, die zeitgleich mit Goethes Werther das Licht der Welt erblickte. Sie ist einer der ältesten erhaltenen freistehenden Konzertsäle Europas, der nach einer von Bundespräsident Johannes Rau höchstpersönlich abgesegneten Renovierung 1997 vom Tokyo String Quartet feierlich neueröffnet wurde. Seither ist hier großen Namen der internationalen Klassikszene regelmäßig zu lauschen.

VERLASSENE VILLA
IM BAGNO
1892

MAMMUT
BAUM

Kreislehrgarten Steinfurt

Neben etlichen Rundgängen und Sonderveranstaltungen finden hier jährlich im Juni die Steinfurter Gartentage mit öffentlichen Vorträgen und Workshops statt.

Während ein typischer botanischer Garten die Sammlung und wissenschaftliche Katalogisierung möglichst vieler Arten aus aller Welt zum Ziel hat, ist die Agenda des Kreislehrgartens deutlich lebensnäher. Die Idee ist es, so viele Menschen wie möglich zum selbstständigen Pflanzen und Ernten zu animieren. Der Lehrgarten soll dabei allerdings überwiegend als Inspiration dienen – in der Erde gewühlt wird vorzugsweise dann zuhause.
Neben der öffentlichen und schulischen Wissensvermittlung dient er mit seinen rund 300 Obstsorten auch als Gärtnereiausbildungsbetrieb der Fachrichtung Obstbau. Nicht sonderlich genießbar aber dafür evolutionsgeschichtlich interessant ist außerdem das hier zu findende Exemplar eines Urweltmammutbaums – einer etliche Millionen Jahre alten Art, die sich seit dem Tertiär genetisch kaum verändert hat.

Wasserburg Haus Welbergen

Die Wasserburg liegt etwas versteckt in einem kleinen Wäldchen im Ochtruper Ortsteil Welbergen und ist seit dem 13. Jahrhundert aktenkundig. Das 1570 fertiggestellte Herrenhaus ersetzte den mittelalterlichen Vorgängerbau und wurde Anfang des 17. Jahrhunderts durch den Torhausflügel der Vorburg und die Ringmauer ergänzt.

Das Anwesen wird von einer Sandsteinskulptur des Heiligen Nepomuk bewacht, die 1753 vom Bildhauer Cornelius Sasse gefertigt wurde. Der Name Sasse taucht auch heute noch wenige Kilometer südlich von hier als Destillerie des beliebten Münsterländer Lagerkorns auf, der nach einer aufregenden Tour durchs Münsterland willkommene Milderung für die Nerven verspricht.

Bei Haus Welbergen hat man das Vergnügen, über einen noch mehr oder weniger als tatsächliche Zugbrücke zu erkennenden Zugang in die Burg zu gelangen.

NEPOMUK: HEILIGER DER (ZUG)-BRÜCKEN

Über den Zeichner

Till Lenecke, geboren am 7. Februar 1972 in Hamburg, hatte sich schon als Drucker, Erzieher und Seemann versucht, bevor er im Zeichnen und Illustrieren seine Berufung fand. Till Lenecke lebt in Hamburg.

Im Internet unter www.lenecke-zeichnet.de

Besonderen Dank an:
Marcus Herrenberger, Dennis Krause, Björn Sandmann, Till Schröder, Fenna Tinnefeld, Christian Zilisch und an den Münsterland e.V.

Alle Bilder entstanden von März 2021 bis Juni 2021 vor Ort im Münsterland

Das Originalartwork kann unter lenecke-zeichnet@gmx.de erworben werden.

Illustrationen: Till Lenecke
Text: Till Schröder
Herausgeberin: Fenna Tinnefeld
Layout: Evelyn Marbach und Till Lenecke
Lektorat: Dennis Krause und Till Schröder
Foto: Jérome Gerull
Druck: GRASPO CZ, A.S.

ISBN: 978-3-946154-60-0

Die Deutsche Nationalbibliothek verzeichnet diese Publikation in der Deutschen Nationalbibliografie; detaillierte bibliografische Daten sind im Internet über http://dnb.d-nb.de abrufbar.

Besuchen Sie uns auf unserer Website:
www.deutscher-architektur-verlag.de

„Wonach greifen Sie, wenn Sie das Haus verlassen? Schlüssel? Mantel? Geld und Schirm? – Ich kann es nur vermuten. Doch bei Till Lenecke bin ich in einem ganz sicher: Er greift zum Skizzenbuch.“
Felix Scheinberger

Münster gibt seine wahre Persönlichkeit erst dem zu erkennen, der sich Zeit für seine Ecken und Kanten nimmt. Beim Zeichnen passiert genau das. Ehrwürdige Stadtgeschichte tritt an die Seite von versteckten Kuriositäten und Bildungsbürger treffen auf die alternative

Szene. Mit den Augen eines Illustrators läuft man durch die Straßen und erlebt ein Münster, in dem es nicht nur regnet oder die Glocken läuten.